LA VIE DE COLON

EN ALGÉRIE

LA
VIE DE COLON
EN ALGÉRIE

PAR

PAUL BLANC

« La nature qui seule est
« bonne, est tout à fait fami-
« lière et commune.
« PASCAL. »

ALGER

IMPRIMERIE DE LA *VIGIE ALGÉRIENNE*, — P. FERROUILLAT
22, RUE DES CONSULS, 22

—

1874

LA VIE DE COLON

EN ALGÉRIE

CHAPITRE PREMIER

S'IL EXISTE DES COLONS EN ALGÉRIE

Nous constatons en France, à l'égard de l'Algérie, un courant d'opinion défavorable contre lequel il faut réagir avec d'autant plus d'énergie que ce courant est plus puissant et que cette opinion est plus enracinée.

Pour ceux qui ont vu notre pays d'adoption, je ne dis même pas pour ceux qui l'ont habité, mais simplement pour ceux qui l'ont parcouru en touristes, il n'y a pas un long prêche à faire. Ils sont tout convertis. La plupart y retournent, et s'ils ne s'y fixent pas, c'est le plus souvent parce qu'ils ne le peuvent pas.

Mais ceux qui n'y sont pas allés, et qui n'iront pas, sont dans un tout autre sentiment. Ignorant ce que nous savons, ne se doutant pas de ce qu'ils ignorent, ils ne peuvent réprimer un mouvement de mauvaise humeur quand on leur parle de l'Algérie. Les appréciations varient suivant les goûts et le degré d'instruction, mais elles sont généralement défavorables.

L'Algérie, disent-ils, le pays des lions et des panthères, d'Abd-el-Kader et des Arabes !

L'Algérie, le pays de la soif, des sauterelles et des insurrections !

L'Algérie, le pays des soldats et surtout des généraux, la contrée du globe où la graine d'épinards prospère avec le plus d'intensité, on peut même dire sans culture !

L'Algérie enfin, ce tonneau des Danaïdes, où se sont engloutis tant de millions de francs et de milliers d'hommes, cet embarras perpétuel, ce souci sans cesse renaissant, ce boulet rivé au pied de la France !

Voilà bien à peu près par quels côtés les Français d'Europe envisagent notre France nouvelle. Ces faces ne sont pas brillantes, et je veux rassurer le lecteur en lui montrant qu'il y a un autre point de vue à considérer pour se faire de cette contrée une idée juste.

Il y faut voir l'élément européen, l'élément stable et fixé à tout jamais dans le pays, il y faut voir la colonie, et par conséquent les colons.....

Car il y a des colons en Algérie, de vrais colons, des hommes qui ne se lassent pas de défricher, de cultiver, de bâtir, qui, par leur travail de chaque jour, de chaque heure, accroissent incessamment le domaine de la civilisation européenne.

Vous vous étonnez peut-être, cher lecteur, d'apprendre une nouvelle aussi neuve, et c'est sans doute la première fois de votre vie que vous entendrez parler d'eux. Mais enfin, si étrange, si nouveau que cela puisse d'abord vous paraître, il faudra bien vous habituer à cette idée.

Et d'abord, voulez-vous savoir combien nous sommes ?

Nous sommes, d'après le dernier recensement, deux cent quarante-cinq mille.

La plupart Français, un tiers environ espagnol ou italien. Mais l'élément français domine par le nombre, par la fortune et par l'éducation. C'est ainsi que nos quinze ou vingt journaux, tous rédigés en français, ne s'occupent que des affaires de la France.

J'ajoute que nous ne sommes pas seulement Français de naissance, mais que nous le sommes de cœur, et que nous n'avons jamais manqué une occasion de le prouver. Nous sommes même chauvins, et je suis heureux de pouvoir constater qu'en 1870-71, l'Algérie a envoyé à l'armée de la Loire et à l'armée de Garibaldi plus de deux mille volontaires. Cela paraît n'être rien, mais eu égard au chiffre de notre population, deux mille hommes correspondent précisément à une levée de quatre cent mille hommes pour la France.

Oublieux des dangers dont nous étions menacés nous-mêmes, nous avons voulu protester contre l'exemption du service militaire, dont les régimes précédents nous avaient gratifiés, et nous avons payé spontanément notre dette à la patrie. En quoi nous avons peut-être mieux agi que plus d'un département français.... mais n'abordons pas ce point délicat ! Nous avons fait notre devoir, et cela suffit.

Est-il besoin de dire encore que nous sommes républicains, et républicains de la veille ?

Comme Paris et Marseille, nous avons voté NON au plébiscite de 1870, et les six députés que l'em-

pire nous refusait avec obstination, nous les avons
choisis tous les six républicains.

Tout cela ne veut pas dire que nous ayons toutes
sortes de mérites et pas un seul défaut. Nous
avons au contraire tous les vices des habitants des
grandes villes en même temps que nous avons
leurs qualités. Mais nous nous corrigerons peu à
peu, parce que nous avons un peu d'instruction et
considérablement d'intelligence. « Ceci tuera cela, »
dirait Victor Hugo.

Oh ! sans doute, nous avons en Algérie des escrocs et des chevaliers d'industrie, rien n'est moins
contestable, et trop souvent le palmier-nain n'a été
arraché que pour faire place tout d'abord à un
champ de « carottes. » Les méchants n'ont-ils même
pas été jusqu'à prétendre que ce légume était ori-
ginaire de l'Algérie? C'est pure exagération ; mais
si les « carottes » algériennes ont atteint quelquefois de regrettables dimensions, les renseignements
que nous pouvons recueillir sur les autres colonies, et spécialement sur les Etats-Unis, nous per-
mettent d'affirmer qu'il n'y a pas en Afrique plus
d'escrocs et de faiseurs que dans les quatre autres
parties du monde.

En résumé, pour moi, depuis que j'habite l'Algérie, je n'ai jamais cessé de croire que je continuais
d'habiter Paris. Je me suis senti, bien qu'en pleine
broussaille, au milieu d'une population urbaine ; et
j'ai rarement rencontré ici cet être lourd, têtu et
routinier qu'on appelle un paysan.

Rien de « rural » chez nous, même à la campagne ! Si bizarre que cela puisse paraître, ce n'en
est pas moins la vérité.

Pour en revenir à ce que je disais au début, je
n'ai fait ce livre que pour prouver notre existence.

On n'a guère parlé jusqu'ici au lecteur français

que des batailles, des chasses, des animaux féroces,
des indigènes de l'Algérie. M. Félix Mornand a publié sur les mœurs des indigènes, sur la *Vie arabe*,
un ouvrage excellent et que je crois devoir re-
commander pour son exactitude. Pour moi, ce que
je cherche à vous montrer, c'est la vie du colon algérien. Je veux que vous sachiez quelles sont ses
joies, quelles sont ses douleurs. Je ne vous ferai pas
plus grâce de ses petites misères que des grands
fléaux qui l'accablent quelquefois. Aussi remar-
querez-vous que la part du mal est beaucoup plus
considérable dans mes descriptions que celle du
bien. On me dira que j'aurais mieux fait d'intituler
mon livre : « *Les misères de la vie de colon.* » Sans
doute, mais le mal tient toujours plus de place dans
la vie que le bien, et j'aime mieux insister sur les
obstacles que nous rencontrons que sur les satis-
factions qui récompensent nos efforts. Le bonheur,
et surtout le bonheur intime de la vie à la campagne, ne se raconte guère. Il se sent, il vous pé-
nètre, il fait partie de l'atmosphère qu'on respire,
mais on réussit mal à le définir, à le faire partager
à autrui. C'est à vous de deviner combien nous devons aimer ce pays nouveau qui nous a coûté tant
de sacrifices, où tout a été chaque jour remis en
question, qui en quarante ans a dévoré plus de quarante gouverneurs et usé plus de mille systèmes.

Nous aimons cette contrée où nous avons été si
rudement éprouvés, comme une mère aime les enfants qu'elle a eu le plus de peine à élever, nous
l'aimons d'autant plus que nous y avons plus com-
battu et plus souffert. Si je rédigeais un prospectus
pour une agence d'émigration sur l'Algérie, je
parlerais sans doute autrement. Je passerais tout le
mal sous silence pour ne montrer que les beaux
côtés.

Mais je fais une œuvre sincère, et je veux dire toute la vérité.

Peu m'importe d'éloigner les irrésolus ou de décourager les timides. Je sais que ces esprits aventureux que l'inconnu attire, qui cherchent de nouvelles terres et de nouveaux horizons, que les difficultés excitent au lieu de les éloigner, qui vont au-delà de l'Océan respirer plus librement qu'en Europe, je sais que ceux-là ne seront pas effrayés du tableau un peu sombre que je fais passer sous leurs yeux. Et il me suffit d'être compris de ceux-là !

Hier encore, pour ressembler aux Etats-Unis d'Amérique, il manquait à l'Algérie la République, et la liberté qui l'accompagne ou la suit fatalement.

Or, grâce à Paris, grâce à la France, grâce aussi aux terribles enseignements qui nous ont été donnés par nos désastres, nous avons dès aujourd'hui la République.

Quant avec la République nous aurons encore la liberté, il ne nous restera plus rien à envier aux Américains, et l'émigrant se rendant en Afrique y pourra trouver les Etats-Unis sans quitter la France.

CHAPITRE II

PHYSIOLOGIE DE LA BROUSSAILLE

Quand j'étais au collége, on m'apprenait sentencieusement qu'avant de parler d'une chose, il fallait la définir. Or, la pensée d'avoir à trouver une définition m'a toujours effrayé.

Naïf comme j'étais, naïf comme je suis resté, je croyais aux définitions comme je croyais à beaucoup d'autres choses auxquelles je ne crois plus. Depuis que j'ai vu les géomètres, qui passent cependant pour des gens positifs et pratiques, ne pouvoir définir la ligne droite autrement qu'en disant : « La ligne droite est le plus court chemin d'un point à un autre, » j'ai perdu beaucoup de mon respect pour les définitions, et je me hasarde rarement à en faire.

Je ne définirai donc pas la broussaille algérienne.

Je dirai seulement qu'il ne faut pas la prendre pour ce qu'elle n'est pas. On saura donc qu'elle ne ressemble pas le moins du monde aux forêts vierges de l'Inde ou des deux Amériques, hautes comme des cathédrales, enlacées de lianes en fleurs, servant d'asile à une multitude d'oiseaux, de reptiles ou de bêtes féroces.

L'Algérie n'a presque plus de forêts. Elle a eu autrefois cependant beaucoup d'arbres, mais, aujourd'hui, elle n'en garde plus que les souches.

La broussaille qui couvre une bonne partie du pays n'a donc rien de grandiose. C'est une sorte de fourré d'un mètre de haut environ et que je ne peux mieux comparer, pour en donner une idée

approchée, qu'à ces haies d'aubépine qui bordent
les talus de nos chemins de fer en France. Elle est
maintenue à cette taille par la dent des animaux et
surtout des chèvres. En outre, si en dépit de la
vaine pâture elle réussit à atteindre plus d'un mètre, ou peut être sûr qu'il se produira tout à point
l'été suivant un incendie *accidentel* qui la rasera
exactement au niveau du sol. Nous reparlerons de
ces incendies « accidentels. »

Bien que la broussaille soit entièrement compo-
sée d'arbres à feuilles persistantes, on conçoit que
ce grand tapis vert, d'une couleur uniforme, sorte
de mousse gigantesque qui suit servilement toutes
les aspérités du sol et en amortit les angles, soit
d'une monotone tristesse.

On peut dire qu'en réalité le paysage manque,
car il n'y a pas de lignes. Si je dis que c'est le des-
sin d'un commençant sans goût, les artistes me
comprendront. Tout est mou, confus, sans saillies,
par conséquent sans formes, et par conséquent sans
ombres.

Non, franchement, ce n'est pas beau.

D'où vient donc que nous allons nous enfoncer
dans la broussaille pendant tout un chapitre ? Et
qui lira ce chapitre, avec un pareil titre ?

Beaucoup le passeront sans doute, et la plupart
bâilleront en le lisant. Je le sais, et je l'écris tout
de même.

Qu'il soit compris d'un seul lecteur, et je m'es-
timerai encore heureux de l'avoir fait. J'aime à
penser qu'il se trouvera bien parmi la foule des in-
différents qui auront ce livre sous les yeux, un de
ces travailleurs fatigués, venu pour s'abriter quelques mois ou quelques années au milieu de la
broussaille, tâchant d'oublier les hommes et de se
laisser oublier par eux.

Celui-là me comprendra. Il se souviendra qu'a-près avoir brûlé dans la fièvre des villes, abandonnant pour un moment le fil rapide du fleuve de la vie, il avait songé à quitter le grand courant pour se reposer au rivage. Charmant et dangereux sommeil ! On ne s'en réveille pas toujours. J'ai connu quelques-uns de ces voyageurs s'oubliant dans un repos qui ne devait être qu'une courte halte, et sommeillant si longtemps qu'ils ont cessé de vivre. Ils ne le savent pas et s'imaginent vivre toujours, mais ils sont morts depuis longtemps !

D'eux, il reste bien quelque chose. L'enveloppe est toujours là, le corps subsiste, mais c'est tout. L'esprit sommeille, engourdi, léthargique, absent. Ils ne se réveilleront plus.

Si vous vous étonnez de ce que je viens de dire, c'est que vous ne savez pas quel plaisir on éprouve à parcourir la broussaille.

Ce plaisir est le même que vous ressentez en suivant le bord de la mer et en cherchant... Que cherchez-vous ?

Rien....

Rien et tout. Vous cherchez l'inconnu. D'autres diraient peut-être : *l'infini*. Mais laissez-moi proscrire ce mot qui n'est qu'un mensonge théologique. L'infini n'existe pas. L'infini, c'est ce que nous ne savons pas encore expliquer, c'est ce que nous n'avons pas encore réussi à compter, c'est ce que nous n'avons pas encore appris à voir. L'infini, c'est notre ignorance, c'est l'inconnu d'aujourd'hui. J'ajoute que demain ce sera le connu, ce sera la science.

Nous voilà donc dans la broussaille comme au bord de la mer, à la recherche de l'inconnu. Là c'est une planche de bateau naufragé, un coquillage bizarre, une fleur marine, un rocher aux formes étranges. Ici ce sont d'autres merveilles, d'autres surprises. Où l'homme est absent, où la nature est seule maîtresse, il y a toujours une part pour l'imprévu, pour le nouveau, pour la découverte. La curiosité incessamment satisfaite est toujours renaissante. Je crois que le charme est là.

Que le charme existe bien réellement, j'en suis sûr, car je ne suis pas seul à l'avoir éprouvé.

Les Arabes vénèrent en quelque sorte la broussaille. Elle est pour eux une patrie. Ils répètent volontiers qu'ils sont comme le chacal, les fils de la broussaille. On a beau les en arracher, les envoyer au collége à Alger, à Paris; leur apprendre à parler le français, à saluer, à marcher, à danser, à lire les journaux. Ils y reviennent toujours.

Ils retournent prendre le burnous et manger sous un lentisque des côtes de chardons ou des racines de jeunes palmiers-nains. Le fruit de l'arbousier, la mûre sauvage, disent-ils encore, sont le raisin de l'Arabe. Ils en vivent et ils y meurent.

C'est ainsi qu'au milieu des terrains que je cultive, il existe une réserve de deux hectares consacrés au cimetière de la zaouïa de Sidi-Hassin. Ce terrain n'est pas défriché, et il ne le sera jamais. l'Arabe a vécu dans la broussaille, il faut qu'il y repose après sa mort.

C'est un singulier cimetière que celui de Sidi-Hassin! Si vous avez quelques instants à perdre, je vais vous y conduire.

Sur un tertre d'où la vue sur le Sahel et la mer est admirable, vous voyez de loin une sorte de masure ruinée. La pluie, la grêle et le vent ont rongé ou déplacé les tuiles. Le jour perce la couverture en cent endroits. Le trou est la règle, le toit l'exception.

Les tremblements de terre ont secoué à plusieurs

reprises les murs de pisé. Ils sont lézardés dans tous les sens et penchent comme des gens ivres. Le mortier rougeâtre déteignant sur l'ensemble lui donne un chaud coloris, qui l'a fait appeler par nos colons : le marabout rouge.

Les incendies de broussailles ont brûlé la porte et consumé à demi les rondins de thuya servant de support aux rares tuiles qui ont su échapper à tant de cataclysmes. Tout cela ne se tient plus debout que par un miracle évident.

Autour et jusque contre les murs s'étend la broussaille verdoyante, ne dépassant guère en hauteur la ceinture d'un homme. Trois ou quatre pauvres chênes-liége, brûlés par le dernier feu, forment un contraste heureux par leur plus grande élévation et leurs rameaux chauves. Ils vous ont des airs de squelette, et cependant vous apercevez déjà, à l'aisselle de leurs grosses branches, quelques bouquets de feuilles. Ce sont des pousses nouvelles, qui annoncent qu'un reste de sève subsiste encore au centre des troncs noircis et dépouillés par la flamme. On croirait voir les touffes de gui suspendues, dans le Nord, aux pommiers décharnés par l'hiver.

L'entrée du marabout étant très-basse, il faut se courber pour entrer. Le sol est jonché de monceaux de tuiles brisées descendues du toit. Sur sept ou huit tombes de marabouts, de petites bougies rouges, bleues ou vertes à demi-brûlées. Ces tombes ne rappellent, d'ailleurs, le souvenir d'aussi saints personnages que par une butte plus élevée que le reste du sol, ou encore par une pierre taillée en boule, à peu près semblable à ces têtes de Turcs de nos foires, où les amateurs vont essayer leur force. Pour ne rien oublier, remarquons encore, pendant à ce qui reste du plafond, les linges de toutes couleurs déteints par la pluie, haillons ignobles qu'un rayon de soleil, filtrant à travers les tuiles, fait parfois revivre avec des tons éclatants.

Sortant de la masure, vous cherchez le cimetière sans l'apercevoir tout d'abord. Puis vous découvrez peu à peu, éparses dans la broussaille, sous le lentisque et la bruyère, d'autres buttes de terre, plus ou moins fraîchement remuées, suivant que la mort remonte à une époque plus ou moins éloignée. Quelquefois une pierre à la tête ou aux pieds, mais plus souvent des fleurs. La piété naïve des frères ou des fils a planté là des iris ou des lis, dont les ognons résistent aux incendies.

Au moment où tous les tombeaux fleurissent, c'est une délicieuse surprise que d'apercevoir tout d'un coup à ses pieds un champ entier de grandes pétales bleues veloutées, ou de corolles blanches aux étamines d'or. Alors le cimetière n'est plus le séjour des morts, alors ce n'est plus l'idée de la fin des choses qui envahit l'âme et qui l'attriste.

Non, c'est la foi au progrès qui se réveille en nous, c'est la certitude que le passé se continue par le présent, comme le présent se continuera par l'avenir. Eh! croyez-vous que je vais me désoler, si vous me démontrez que mon âme *à moi* n'est pas immortelle? Que me fait cela, si d'autres continuent l'œuvre que je poursuivais? Laissons les morts sous la terre qui les couvre, qu'importe! Ne subsistera-t-il pas toujours quelque chose d'eux? Ne vous restera-t-il pas cette fleur des tombeaux qui leur survit éternellement?

Qu'on me pardonne mes digressions dans la broussaille intellectuelle. Là aussi, les fourrés sont épais, mais pour le bon sens et la réflexion, il n'en restera aucun d'impénétrable.

Pour revenir à notre sujet, dont nous nous écartons à vue d'œil, je dis que nous n'avons pas le

droit de reprocher à des peuplades abâtardies, et
qui disparaissent graduellement devant nous par le
simple excédant des décès sur les naissances, l'amour
qu'elles nourrissent pour leurs ruines, pour leur
lande, tristement sauvage comme elles. Ce pauvre
hère d'Arabe me fait pitié, malgré tous les vices
qui le dégradent, à cause de l'ignorance où il
croupit. Là est son excuse. Son cœur d'homme aussi
est une broussaille qui couvre une terre vierge. Il
faudrait le défricher pour savoir ce qu'il vaut, pour
connaître quels fruits il est en état de donner. Ne
rions donc pas trop de ces petits sangliers que nous
essayons vainement d'apprivoiser et qui s'y refusent avec tant d'obstination.

Essayons plutôt de les comprendre, tâtons de la
vie qu'ils mènent, étudions le milieu où ils sont
nés, où ils habitent. Alors nous les excuserons peut-
être, nous nous découragerons moins vite, et nous
saurons mieux dans quel sens diriger nos efforts de
régénération.

Nous-mêmes, Européens déserteurs, Parisiens en
rupture de ban, qui venons volontairement nous
reléguer au milieu de cette nature sauvage, ne
sommes-nous pas aussi un peu de petits sangliers,
comme l'Arabe ? Restons-nous insensibles aux
charmes des solitudes, à l'attrait des landes vierges?

Bernardin de Saint-Pierre raconte que dans la
Finlande russe, à une lieue de Wilmanstrand, vers
le 61ᵉ degré de latitude nord, il aperçut les débris
d'une cabane et les sillons d'un petit champ. Ce
champ avait été cultivé par un ancien officier français dans un désert où la terre, « couverte de neige
« pendant six mois et de roches toute l'année, ne
« rendait à ses cultures qu'un peu d'orge, des
« choux et de mauvais tabac. Il avait une vache

« dont il allait vendre le beurre tous les hivers à
« Saint-Pétersbourg. »

Bernardin ajoute que M. de la Chétardie, am-
bassadeur de France, le fit inviter plusieurs fois à
le venir voir, en lui promettant de l'emploi dans
sa patrie et de lui donner les moyens d'y retourner.
Il se refusa constamment à ses invitations et à ses
offres.

Nous prenons cet exemple entre mille, car un
grand nombre d'Européens ont embrassé la vie
sauvage. Il y en a beaucoup plus assurément qu'on
ne pourrait citer de sauvages sérieusement convertis
aux mœurs européennes.

Maintenant, la conduite de ce brave colon néo-
finlandais est-elle blâmable ou digne d'éloges?
Faut-il l'approuver ou le condamner?

Il y aurait beaucoup à dire. Je ne crois pas que
l'homme, qui est une unité entre tous les chiffres
dont se compose l'univers, ait le droit de se supprimer lui-même, de se réduire à zéro. L'amour
de la tranquillité rurale n'autorise pas cet égoïsme
discret, qui n'est après tout qu'un suicide déguisé.

Mais j'avouerai franchement que j'excuse volontiers les faiblesses de ce genre. Je les excuse d'autant mieux que l'homme a beau s'ingénier de cent
façons pour se rendre inutile aux autres et pour ne
vivre que dans son intérêt personnel : il ne le peut
pas. Il a beau faire, il n'y réussit jamais. Quoiqu'il
en ait, il est obligé de travailler pour autrui, et ce
qu'il fait sert, en dépit de lui-même, à tout le
monde. Et si c'est là une vérité dans toutes les pro-
fessions, c'est encore bien plus vrai pour l'agriculture, pour la vie à la campagne.

L'agriculteur, et surtout l'agriculteur des pays
neufs, le défricheur, le colon enfin, n'est-il pas le
producteur par excellence?

Il suit de là que vous avez beau fuir vos semblables, vous ne réussissez jamais à leur échapper.
Vous leur appartenez quand même; et malgré vous,
vous servez toujours en quelque chose au reste des
hommes.

Tant pis pour les misanthropes, mais entre eux
et le loup, entre eux et le chacal, il y aura toujours
une certaine différence!

CHAPITRE III

SUITE DU PRÉCÉDENT. — OU L'ON FINIT PAR TOMBER
DANS UN RAVIN

Après avoir passé littéralement trois ans dans la
broussaille du matin au soir, ne m'étais-je pas
imaginé d'écrire une sorte de calendrier, où j'en
montrais scrupuleusement mois par mois les as-
pects changeants ?

J'ai sous les yeux ce travail assez étendu que je
me garderai bien de transcrire ici, et que je vais
m'empresser de brûler, attendu qu'il n'intéresserait
personne. Je serai généreux pour le lecteur comme
je voudrais qu'il le fût pour moi, s'il écrivait un
livre à mon intention.

Je commençais cette longue description au mois
d'août, c'est-à-dire à l'époque où il n'y a plus de
verdure sur la terre, où une teinte grise uniforme
se répand sur toute la nature, où le chiendent lui-
même a succombé sous la chaleur torride de trois
longs mois de sécheresse. C'est notre hiver, à
nous : c'est la saison morte.

En septembre, les premières gouttes d'eau repa-
raissent et les pluies d'orage sont saluées avec joie
par toutes les créations de la puissance végétale ou
du règne animal. La clématite couvre la broussaille
de sa longue chevelure blanche comme d'une
écharpe soyeuse. Les herbes sèches pourrissent et
s'affaissent. Voici la pointe de l'herbe nouvelle.

Elle est déjà toute levée en octobre, et se fortifie
en novembre. Les ognons de scille, de narcisse et

de colchique donnent leurs fleurs, en même temps
que les grandes bruyères roses et l'arbousier qui se
montre comme l'oranger, couvert à la fois de ses
fleurs et de ses fruits. Le sol à cette époque est re-
vêtu d'une verdure tout aussi fraîche, tout aussi
éclatante que celle des pâturages éternels d'Angleterre ou de Hollande.

Nous sommes en janvier, nous jouissons déjà du
premier des deux printemps d'Afrique. Car il faut
qu'on le sache, notre Afrique a deux printemps.
De plus que l'Europe, elle a le printemps « d'en
bas » où la terre désséchée retrouve son tapis de
gazon, où elle reprend sa couleur normale, cet admirable vert de ray-grass qui ne disparaît jamais
dans les pays du Nord, et sur lequel nos yeux fatigués ne cessent pas de reposer avec complaisance,
où ils viennent se délasser de l'étreinte pesante d'une
lumière excessive. C'est le prinptemps d'octobre.

Le second printemps, que j'appellerai le printemps « d'en haut » pour le distinguer du premier,
vous le connaissez. Il ne vient que plus tard.
Laissant passer les pluies froides de janvier et février, il commence en mars pour ne se montrer
qu'en avril dans tout son éclat. Ce qui le caracté-
rise, c'est la verdure revenant aux arbres, c'est
l'universelle renaissance des feuilles mortes, c'est
la résurrection de toute la nature.

Dans l'intervalle de janvier à mars, la broussaille
change graduellement de physionomie. On voit
dominer dans le paysage l'aubépine blanche, le
genêt et surtout l'ajonc avec ses innombrables
fleurs jaunes. Par-ci, par-là, dans les clairières, un
tapis de neige formé par des tribus de petites mar-
guerites. Ailleurs des narcisses, des iris jaunes ou
bleus, des gueules de loup roses, des cisthes et
des asphodèles blanches.

Abrités dans des ravins où ils trouvent la fraîcheur, les lentisques et les trembles, les lauriers blancs et les guimauves arborescentes fleurissent.

L'herbe monte. Elle se parsème déjà de petits pavots d'un rouge éclatant ou encore de ces soucis des champs qu'on appelle dans certaines contrées la calendule d'onze heures. Les poètes vous en montrant la fleur brillante et comme enflammée, dont la face reste toujours tournée vers le soleil, ne manqueront pas de vous faire admirer l'attitude respectueuse de ce brin d'herbe à l'égard de Phœbus, son créateur et son père. Quant aux gens positifs, ils lui seront assurément reconnaissants de n'ouvrir ses pétales qu'un peu tard, de façon à leur indiquer avec précision l'heure du déjeuner. De la sorte, le souci des champs aura des amis dans les deux camps qui partagent le monde, les poètes et les utilitaires. Heureux privilége !

Mais voici les mois d'avril et de mai.... Ici je renonce à peindre.

Voyez ailleurs !

Prenez le délicieux poëme de Daphnis et Chloé, prenez Virgile, Virgile l'incomparable, Virgile l'excellent, Virgile sans modèle ! Oubliez pour un moment qu'on vous a fait apprendre les Bucoliques par cœur à coup de pensums et de retenues, au fonds de ces odieuses prisons qu'on appelle des colléges. Oubliez qu'une éducation barbare et stupide a tout mis en œuvre pour vous faire détester ces chefs-d'œuvre. Relisez Virgile. Il n'y a rien à dire après lui, et notre pauvre Delille ne sera jamais qu'un dernier quartier de clair de lune en face de ce brillant soleil, en présence d'Apollon-Virgile, de Virgile-Printemps !

Ne me demandez donc pas de vous montrer aux

chênes-verts les nouvelles feuilles d'un brun rosé aux reflets d'or, aux oliviers les franges argentées des jeunes pousses, aux lentisques les pointes d'un rouge-feu qui couronnent les sombres massifs de leur ancien feuillage. D'autres l'ont fait mieux que je ne saurais le faire.

Ne me demandez pas davantage de vous conduire dans la prairie par une de ces pures matinées d'avril, où le vent sommeille encore, où la fumée des défrichements monte droit vers le ciel, où tout verdoie, où tout fleurit, où des myriades d'insectes bourdonnants de toutes parts forment cette prodigieuse symphonie que beaucoup d'hommes ont sentie, mais que nul n'a jamais pu rendre. Si ce n'est peut-être quelquefois l'autre grand peintre du Printemps, le grand Beethoven ?

Non je n'essaierai pas.

Je le répète, voyez ailleurs ! Ecoutez Beethoven ! Prenez Virgile. Et relisez ces quelques vers que je vais essayer de traduire après tant d'autres traducteurs :

« C'est le printemps qui ceint les arbres de feuil-
« lage, c'est le printemps qui réveille les forêts.
« C'est au printemps que la terre se gonfle et ap-
« pelle la semence des êtres.

« C'est alors que l'Ether, générateur tout
« puissant, laisse descendre dans le sein de sa
« joyeuse épouse une pluie féconde, et que l'union
« des deux amants va nourrir tous les germes.

« C'est alors que les bois résonnent du chant des
« oiseaux et que les troupeaux ressentent les ar-
« deurs de Vénus.

« La terre enfante de nouveau, les champs en-
« trouvent leur sein sous la tiède haleine du zé-
« phir, la sève surabonde de toutes parts : et les
« germes osent se confier au soleil renaissant... »

Après avoir relu cela, j'aime mieux avouer franchement que je recule à la pensée de vous décrire
le printemps. J'aime mieux laisser miauler sur les
toits de nos grandes villes les cinquante mille ver-
sificateurs ou poétaillons, pour qui la rime rem-
place le sentiment et à qui la phrase tient lieu d'i-
dées. Ne prenez pas souci de ces braves garçons,
aussi suffisants qu'impuissants, aussi intrépides
qu'insuffisants. Vous les trouverez rarement embarrassés du trop plein de leur cervelle, ou de l'excès
de leurs sentiments. Ils n'hésiteront jamais devant
une note fausse et vous les entendrez la donner sans
efforts à plein gosier. Il vous auront bientôt dit tout
ce qu'ils sentent.... car ce n'est guère.

Demandez-leur une définition de l'amour, ils vous
la fourniront aussi aisément que s'ils avalaient un
verre de vin. Rien ne les arrête, rien ne les effraye,
rien ne les rebute. Ils ont des vers pour tous les
sujets et des réponses à toutes les questions. Vous
ne les trouverez jamais à court.

Pour moi qui n'ai pas tant de mérites, j'aime
mieux me taire, et laissant une page blanche, passer sans transition au mois de juin.

...., Juin est le mois où fleurissent ces lauriers-
roses de la Grèce et de l'Asie mineure, dont La-
martine nous parle sans cesse. Nous les retrou-
vons ici au fond de tous les ruisseaux, de tous les
torrents dessséchés. Ils fleuriront encore pendant
trois mois d'un été sans pluie comme pour nous
consoler de la disparition des clématites et des
chèvrefeuilles.

Mais c'est le chardon qui domine dans le paysage. Aux lieux secs comme au fond des vallées, il
s'étale à plaisir. Du sein de l'herbe qui se dessèche
insensiblement, il s'élève comme s'il absorbait les
sucs des plantes qui meurent. Il monte, il monte

toujours et bientôt il resplendit dans sa fleur, il règne en maître : on ne voit plus que lui.

C'est la fête des chardons ! Admirons-les ensemble, et même, si vous le voulez, essayons de les compter.

Il y en a de toutes couleurs :

1° Chardon violet clair ;

2° Chardon violet foncé. Celui-là s'élève jusqu'à quatre mètres de hauteur ;

3° Chardon bleu clair :

4° Chardon bleu foncé ;

5° Chardon jaune clair à petites fleurs d'un effet médiocre, persistant pendant presque tout l'été ;

6° Chardon jaune à grosses fleurs safranées, assez belles pour que nous sollicitions en leur faveur une place dans nos jardins publics d'Europe.

Où trouver ailleurs tant et de si beaux chardons ? Ce n'est pas dans le vieux monde qui devient ennuyeux à force d'être bien cultivé, et monotone par excès de civilisation. Il n'y a guère dans mes souvenirs de voyage que la campagne de Rome, l'*agro romano* qui soit comparable à l'Algérie sous ce rapport.

Là aussi le chardon fleurit en liberté sur d'immenses espaces sans culture, propriétés de mainmorte restées aux mains des grands marabouts de l'église catholique, apostolique et romaine.

Cependant, tout a une fin en ce monde périssable, même les chardons. A leur tour, ils succombent sous la chaleur.

La sécheresse s'accentue chaque jour davantage. Le paysage devient peu à peu d'une tristesse morne qui accable. Nous sommes en juillet, le mois de l'année où il tombe le moins d'eau. La moyenne de vingt ans d'observation donne *un millimètre* de pluie !

La terre est d'une couleur grise ; le ciel tantôt
d'un bleu sombre, d'une sérénité désespérante, tantôt d'un gris blanchâtre et comme plombé. Heureux ceux qui, placés sur le littoral, peuvent reposer toujours leurs regards sur le bleu profond de la
mer ! La broussaille aussi prend graduellement des
tons grisâtres et maussades. Elle change de nuance,
et son vert éternel s'assombrit de teintes brunes.

La végétation est littéralement suspendue pendant trois mois. Elle l'est si bien qu'on a pu comparer notre été, comme saison de repos, aux hivers
d'Europe. C'est un sommeil de plomb pour les
plantes, une catalepsie universelle. Sur un sol dé-
pourvu de verdure les arbres seuls subsistent, mais
leurs feuilles se rident, se crispent, et comme pour
fuir la chaleur se contractent sur elles-mêmes. C'est
au point que le feuillage du chêne-vert en vient à
ressembler à celui du houx. Il résulte de ce recro-
quevillement général que la broussaille est beaucoup moins épaisse qu'en hiver ou au printemps.
Les fourrés impénétrables d'il y a six mois sont
baignés de lumière et le soleil filtre partout à travers un feuillage maigrissant et appauvri. Où trouver l'ombre véritable, cette « fraîcheur opaque »
chantée par le poëte latin ?

Force nous est d'aller la chercher au fond de quelques ravins.

Si vous m'avez suivi jusqu'ici, j'en connais un
où je vous mènerai volontiers, sûr que vous ne re-
gretterez point vos pas.

Aucune route n'y conduit. Il faut passer par un
de ces sentiers étroits que l'homme n'a pas tracé,
et que les enfants appellent des « chemins de chacal » ou « de porc-épic. »

A mesure que nous descendons le flanc pierreux
du coteau, nous sentons peu à peu le soleil ardent

se tamiser au-dessus de nôtre tête. Plus nous nous enfonçons, plus la broussaille monte.

A mi-côte, vous cherchez à voir le fond, mais vous ne pouvez l'apercevoir. Vos yeux sont encore tout ivres de lumière, et, d'ailleurs, vos regards ne pourraient pénétrer l'épaisseur du feuillage.

Vous apercevez seulement d'une façon distincte surgir les cimes du grand laurier, de ce majestueux végétal que les cuisinières appellent le laurier-sauce, mais que j'aime mieux appeler avec les botanistes le laurier-noble. Rien de plus élégant que cette pyramide à plusieurs étages, aux formes régulières et presque géométriques, émergeant du fond des ravins comme une monumentale fontaine de verdure.

Plus bas, ce sont de vieux troncs d'arbres qui s'affaissant sur eux-mêmes sont venus se jeter en travers de la coupure des rochers comme autant de ponts naturels. Mais le lichen blanchâtre qui les recouvre vous avertit qu'ils sont là depuis longtemps, qu'ils n'ont plus que l'écorce, et que les fourmis ou les oiseaux peuvent seuls s'y hasarder sans imprudence.

Toute une tribu de plantes grimpantes, les lierres au tronc quelquefois énorme (jusqu'à 75 centimètres de circonférence), les blanches clématites, les smilax luisants, les vignes sauvages, dont la feuille d'un vert tendre au printemps prend à l'automne une si belle teinte rouge, vont s'accrochant partout, à la terre comme aux rochers, aux arbres vivants comme aux arbres morts : elles s'élancent des profondeurs et veulent à tout prix atteindre la lumière et le soleil. Puis comme fatiguées de l'effort qu'elles ont fait pour s'élever, elles retombent en girandoles, en guirlandes, en franges, en dentelles de tous dessins et de toutes nuances.

Tout à l'heure encore, nous marchions sur la pierre calcinée par le soleil et dénudée par la pluie, mais en descendant toujours nous arrivons sur une couche de feuilles sèches, qui ne tarde pas à devenir un tapis de mousse veloutée d'une extrême fraîcheur. En passant, nous saluons sous bois la capillaire, la fougère d'Europe, le myrte et l'acanthe de Corinthe aux feuilles mollement retombantes.

Nous voilà cependant arrivés au fond.

Qu'y trouvons-nous ? — Rien. Rien que le vide, rien que l'ombre et le silence.

Vous vous souvenez de cette réponse de Dante à un fâcheux qui lui demandait ce qu'il cherchait, marchant toujours solitairement et la tête baissée.

« *Pace*, » disait-il. La paix !

Grande parole, que ne comprendront guère ceux qui jouent au piquet pour tuer le temps et pour s'empêcher de penser.

Dante eut aimé ce ravin rempli de silence.

Il s'y fut oublié quelques instants jusqu'à ce que le merle criard, s'enfuyant à tire d'ailes, ou le ramier plus discret ne s'annonçant que par le moelleux froissement de ses ailes, vint le tirer de sa rêverie.

Car on n'est jamais seul, même au fond d'un ravin. Là aussi des regards curieux vous épient, mais au moins ce sont ceux des bêtes. Or, les bêtes sont souvent moins à craindre que les hommes !

Pour ne parler que des bêtes, et pour ne s'occuper que de l'Algérie, disons ici que le lion et la panthère sont pour nous des mythes, qu'on ne rencontre plus qu'en territoire militaire, c'est-à-dire en pleine sauvagerie.

La hyène, à peu près aussi peureuse que le chacal, fait entendre quelquefois son aboiement pen-

dant la nuit. Mais elle est rare, aussi rare que le
chacal est répandu. Le chacal et le porc-épic four-
millent dans la broussaille, ils ne sortent guère que
la nuit, le porc-épic surtout. J'ai vu bien des cha-
cals, mais je n'ai jamais aperçu dans toutes mes
courses un seul porc-épic : et cependant nos ravins
sont remplis de leurs plumes et nos plantations
souffrent de leur présence.

Pour être complet en parlant de la broussaille,
il nous faudrait parler de tous ces animaux et de bien
d'autres, dont elle est peuplée. Du coucou qui ef-
fraie les bestiaux ; des étourneaux aux vols innon-
brables, ressemblant à des trombes comme celles
qu'on voit quelquefois sur la mer ; de la cigogne
aux longues pattes et au long cou ; et enfin du geai
bleu, le plus éclatant de tous les oiseaux d'Algérie,
et qui doit être ce célèbre oiseau bleu que les
amoureux des contes de fée vont à travers mille
périls chercher dans les pays lointains pour les rapporter à leurs maîtresses.

Mais faut-il être complet ?

Je ne le pense pas.

Laissons aux vieilles femmes bavardes et aux
gros dictionnaires la gloire de tout dire, sans rien
omettre.

Pourquoi serais-je complet, quand je vois que
rien n'est complet autour de moi ?

Y a-t-il dans l'univers un être complet, une idée
complète, une chose complète ? — S'il y en a, qu'on
me les montre. Je les verrai pour la première fois
de ma vie.

Notre brave Elisée Reclus, l'une des plus belles
intelligences et l'un des plus grands cœurs qu'il me
soit arrivé de rencontrer, fait remarquer avec raison que, dans toute la nature, on ne trouve pas une
seule ligne absolument droite.

Rien de plus juste que cette remarque, rien aussi de plus profond. Non, il n'existe pas de ligne droite réelle. Il n'y a que des courbes plus ou moins compliquées. Et même j'ajouterai, sûr de n'être pas contredit par Elisée Reclus, que toutes les courbes, subissant des perturbations, il n'existe pas non plus une courbe parfaite.

Donc, rien de parfait, rien d'absolu, rien d'infini, rien d'immuable !

Voilà qui sera sans doute un peu désagréable à ces esprits parallélipipédiques qu'on appelle des géomètres, mais qui le sera beaucoup plus encore aux âmes mollement tendres qui restent langoureusement confites dans le miel aigre-doux du mysticisme.

J'en suis bien fâché pour ces deux catégories de citoyens, mais nous constatons là tout simplement des faits d'observation, contre lesquels il est inutile de prendre de la mauvaise humeur. Il faut les accepter bon gré, mal gré ; et s'ils renversent plus ou moins nos idées préconçues, s'ils démolissent nos préjugés, c'est un malheur.

A ce malheur, il n'y a qu'un remède. Et ce remède, il est trouvé depuis longtemps.

Il faut faire comme nous tous, gens de bonne volonté. Il faut travailler, il faut chercher.

A force de chercher, nous trouverons. Et si nous ne trouvons pas, nous chercherons encore.

Tel est le seul remède qu'on ait encore trouvé contre l'ignorance, mais celui-là peut suffire et il nous dispense d'en demander d'autres à ces charlatans de science infuse qui enseignent tout ce qu'ils ignorent.

Ce remède, c'est le travail. Tenons-nous y fermement, car il guérit de tout les maux et console de toutes les erreurs.

CHAPITRE IV

LE DÉFRICHEMENT

Quand vous traversez la partie colonisée de l'Algérie en chemin de fer ou en diligence, sur une route bien unie ou sur des rails bien lisses, et que vous regardez à droite et à gauche les champs de blé jaunissant et les pampres verts de la vigne, vous vous croyez en France.

S'il ne se trouve pas près de vous un colon pour vous le rappeler, vous oubliez volontiers qu'il y a quelques années la plupart de ces champs n'étaient que broussailles. Tout au moins vous ne vous rendez pas compte de la peine qu'il en a coûté pour conquérir le sol une autre fois sur l'inculture, après l'avoir conquis une première fois par les armes. Des deux conquêtes, la première était assurément plus facile que la seconde.

Dans beaucoup de terrains, vous ne trouverez pas dix centimètres carrés qui n'aient reçu leur coup de pioche. Certains hectares ont coûté jusqu'à six cents francs de défrichement. Comme en Hollande, où les habitants ont dû prendre pied à pied leur pays sur la mer, l'homme a dû souvent « faire » la terre.

Et s'il ne s'agissait que de se donner beaucoup de peine, ce ne serait que demi-mal. Il faut que les hommes travaillent : c'est la loi du monde. Mais le défrichement est un travail malsain qui affecte la santé, qui donne la fièvre aux plus robustes.

J'ai sous les yeux des chiffres sur la mortalité causée par l'extraction du charbon de terre en Belgique et en Angleterre. De pareils calculs font frémir. Il faut les relire et les méditer.

De 1850 à 1866, pendant une période de seize années, 25,000 hommes ont péri dans les mines de houille anglaises, soit en moyenne 1,562 hommes par an ; les blessés, 8,000 environ, soit le tiers. Les mines anglaises produisent annuellement 92 millions de tonnes, soit 600,000 tonnes et un bénéfice net de plus de 100,000 fr. par mort d'homme.

De 1851 à 1860, pendant une période de dix années, les mines belges ont compté 2,376 victimes dont :

1,848 tués ;

Et 528 blessés.

Or, pendant ces dix ans, les houillières de Belgique ont distribué 120 millions de dividende à leurs actionnaires.

Ces 120 millions de francs ont coûté la vie à 1,848 ouvriers.

Donc, chaque million de bénéfice net a coûté la vie à 15 hommes ;

Donc, 77,000 fr. de bénéfice net se soldent par un cadavre ;

Donc, chaque franc de bénéfice net représente un gramme de chair humaine.

On voit à quel prix l'humanité paie le charbon de terre. Il nous faudrait pouvoir établir une statistique semblable pour les malades et les morts que nous coûte ici le charbon de bois extrait des nouveaux défrichements. Aurait-on plus de cadavres à entasser ? Je ne le sais pas, mais personne ne me démentira si je dis que plusieurs milliers de défricheurs ont déjà péri à la tâche.

Et nous sommes loin d'avoir fini ! Nous commençons à peine. Il faudra encore des milliers et des milliers d'existences humaines pour continuer l'œuvre entreprise et la mener à fin. Terrible combat que cette lutte de l'homme contre la nature, de la culture contre la stérilité, de la vie contre la mort !

Les difficultés contre lesquelles nous luttons en Algérie sont vraiment exceptionnelles. Ainsi que nous le redirons en parlant des incendies, nous sommes en présence d'un pays dévasté, d'une contrée à refaire de fond en comble. Il faut rétablir les forêts détruites, emmagasiner les eaux, ramener les pluies, restituer le climat. Et pour en arriver là, la première chose à faire, l'œuvre initiale avant laquelle on ne peut rien entreprendre, c'est le défrichement.

On doit défricher dans toutes les colonies ; mais ici le défrichement est plus malaisé qu'ailleurs. A l'Ile de France on se contente d'incendier les forêts, puis, après avoir labouré avec des araires légers, on sème le maïs entre les troncs d'arbres coupés ras terre. Même procédé aux Etats-Unis. Quelquefois même, dans cette dernière contrée, on ne prend pas la peine de couper les troncs d'arbres dès la première année. On se borne à faire périr les arbres en les écorçant, de sorte que le soleil passant à travers leurs branches dépouillées de feuilles suffit à mûrir la première moisson.

Ne riez pas de ces petites économies dans le travail de la première heure. Elles ont plus d'importance que vous ne vous l'imaginez, car c'est souvent de ces premiers grains de maïs que dépend tout l'avenir de la famille de colons.

Nous ne pourrions pas imiter les Américains à cet égard. Il nous faut arracher les souches, coûte que coûte ; et ce n'est pas une mince besogne. Il nous faut arracher les palmiers-nains, et c'est bien autre chose encore.

Les Arabes ne partagent pas nos idées là-dessus. Ils ne défrichent pas et si on les voit parfois arracher une souche de lenstique qui, par l'exubérance de sa végétation, rend leur labour impossible, on ne les voit jamais s'attaquer aux racines de palmiers-nains; n'allez pas croire au moins qu'ils soient retenus à cet égard par aucun préjugé religieux. C'est la paresse qui les retient, et rien de plus.

Approchons-nous d'une tribu arabe. Nous entendrons bien avant d'y arriver le grincement sourd de la pierre qui écrase le blé dont on fera tout à l'heure le couscoussou. Les femmes tournent la meule pendant que les hommes jacassent des heures entières à l'entrée des tentes. D'autres femmes rentrent, apportant des charges énormes de bois sec ; ou bien encore des outres de peau de chèvre remplies d'eau, sous le poids desquelles leur échine se plie douloureusement.

Tout autour du campement vous n'apercevez que de la broussaille rabougrie, dévorée par les chèvres et même par les bœufs affamés. Les jeunes pousses sont rasées pour ainsi dire avant de naître ; aussi le niveau des buissons ne dépasse-t-il la terre que de quelques centimètres.

Par-ci, par-là, quelques clairières auxquelles on ne saurait donner le nom de champs. Ce sont des espaces irréguliers entrecoupés de palmiers-nains, autour desquels la charrue arabe dessine consciencieusement les courbes les plus savantes. Aujourd'hui, c'est de l'orge qu'on a semé entre les touffes et qui végète misérablement. L'an prochain, le terrain se reposera de cette grande fatigue, et nous ne verrons plus qu'un gazon pelé, tondu par la dent famélique des bestiaux comme par la faux d'un jardinier expérimenté.

Si maintenant nous laissons la tribu arabe pour aller voir un défrichement européen, nos impressions changent.

Nous apercevons de loin une tache sombre sur le fond vert de la campagne. C'est dans la broussaille vierge, le terrain déjà nettoyé, remué dans tous les sens par la pioche infatigable.

Des roseaux alignés servent de jalons pour indiquer à angle droit, soit le travail accompli, soit le travail à faire. Au milieu de toutes les lignes courbes que nous offre la nature sauvage, cette ligne droite, tracée par le défricheur pour la formation du champ nouveau, forme un contraste frappant.

Le défrichement s'avance, bousculant tout devant lui avec une inflexible régularité. Il ne connaît ni les vallons, ni les collines ; il suit l'équerre. Il va toujours en avant, et tout droit.

Il y a dans sa marche géométrique quelque chose qui rappelle la phalange macédonienne, la légion romaine, ou plus simplement le bataillon carré des armées modernes.

En dépit de la lenteur de sa marche progressive, on pressent que rien ne peut lui résister, et qu'il est invincible.

CHAPITRE V

LES DÉFRICHEURS. — LE TESTAMENT DU PÈRE
PASSEREAU

Comme vous n'avez peut-être pas encore entendu parler de Passereau, il faut bien que je vous dise que c'est moi. — Je suis Passereau lui-même, M Passereau, Passereau tout court, ou bien, dans l'intimité, le père Passereau : à la volonté des personnes *.

C'est moi qui ai pris Alger en 1830, avec le père Ledoux, l'ancien garde-champêtre. Il n'est plus garde-champêtre maintenant : le pauvre vieux est devenu aveugle. Il est à Koléah où sa femme travaille pour deux : on peut bien dire pour quatre, à cause des enfants. Braves gens, le mari et la femme. Pendant dix-sept ans j'ai pris le café chez eux, tous les matins. Maintenant, comme c'est fini, je vais prendre le café chez l'autre garde-champêtre, le nouveau. Ce café là, c'est une rente qui me revient de droit.

C'est moi qui ai été blessé à la cuisse, lors de la prise. Ma blessure me gêne pour m'asseoir, elle me gêne aussi pour marcher. Si bien que les petits

* Les premiers paragraphes de ce chapitre ont paru, en 1870, dans le *Démocrate de l'Algérie*.

I e père Passereau n'est pas, comme quelques-uns le croyaient alors, un personnage mythologique. Lui et son châtaignier sont des « entités concrètes, » des réalités vivantes. Il est entré à la fin de 1873 à l'asile des vieillards de Douéra ; et quant à son châtaignier, il a donné **deux châtaignes à la dernière récolte.**

mauvais sujets de Tefschoun disent que le père Passereau trotte comme un canard.... Allez donc verser votre sang pour la patrie ! Personne ne vous dira merci, et les galopins vous lanceront des sottises sur vos vieux jours.

C'est moi qui ai pendant quinze ans exercé à Paris la profession de paveur, de bitumier, d'asphalteur. Nous avons posé la première asphalte sur la place de la Concorde, ci-devant place de la Révolution. C'est dans cette partie-là, que j'ai fait la connaissance de Rotschild. Non pas que je lui aie prêté de l'argent: non, ce n'est pas cela. Mais un jour que j'étalais du bitume auprès du Palais-Royal, et que Rotschild était venu voir avec mes patrons, les directeurs de la Société des asphaltes, qui a fait un si joli plongeon à la Bourse, je lui dis :

— « Monsieur Rotschild, prenez garde à vos « pieds. C'est encore tout chaud. Vous allez enfon- « cer dans le bitume.... »

Ils se mirent tous à rire, et lui me répondit de ne rien craindre pour son compte, qu'il y ferait attention. Le fait est qu'il a bien laissé s'enfoncer les actionnaires, mais que le dégât s'est borné là. Voilà donc comment j'ai fait la connaissance de Rotschild, dans les asphaltes.

C'est encore moi qui ai pavé la rue Saint-Denis et la rue Saint-Martin, avec du joli grès de Fontainebleau.

Mais nous faisions du trop beau travail, pour ce que nous étions payés. Je l'ai bien vu en 48, quand il a fallu arracher tous ces pavés-là pour faire des barricades en faveur du suffrage universel. Ah ! nous avons eu bien du mal, je vous jure. J'étais chef de section, et tout en commandant mes hommes, je me disais à part moi, parce que je trouvais que l'ouvrage n'allait pas assez vite :

— « Vois-tu, Passereau, tu es toujours trop
« consciencieux. Cela t'a déjà fait bien du tort et
« t'en fera toute ta vie. Voilà encore une rue trop
« bien pavée, eu égard aux institutions du régime
« actuel ! »

Tout de même, nous l'avons eu, le suffrage universel ; et il faudrait être bien ingrat pour ne pas
reconnaître que c'est en partie à cause du grès de
Fontainebleau.... Pour moi, ce n'est pas parce que
j'ai été paveur, mais jamais vous ne me feriez dire
du mal des pavés, ne serait-ce que par respect pour
le suffrage universel.

J'ai donc pensé, en 1848, quand je suis venu
m'établir ici :

Tu as pris Alger.

Tu as pavé Paris.

Tu l'as dépavé.

Tu as conquis le suffrage universel.

Tu as repavé Paris.... Il ne te reste plus qu'à t'en
aller coloniser l'Algérie. Tu t'y reposeras à l'ombre des lauriers que tu as plantés en 1830, et tu
jouiras en paix de ta conquête.

En partant, j'assurais aux camarades qu'ils n'a-
vaient plus rien à désirer désormais, puisque tout
le monde pouvait voter. Il me semblait alors, et
je pense encore un peu comme cela aujourd'hui,
qu'un peuple qui a le suffrage universel est toujours gouverné comme il mérite de l'être — bien,
s'il est digne d'être libre — mal, s'il en est encore
indigne.

Et voilà comment je suis revenu en Afrique,
comme colon.

Je n'y ai pas trouvé le Pérou, comme vous pouvez croire. Je n'avais pas grand argent, mais j'en
ai moins que je n'en avais.

Je n'ai plus ni bœufs, ni chariot, ni charrue,

Quant à ma concession, elle est « nettoyée » depuis longtemps ; ce qui veut dire que j'ai fait la sottise de la vendre.

Si cela servait à quelque chose, je m'en repentirais toute ma vie, mais comme cela ne sert à rien, je ne m'en repens pas, et je vis bien tranquille avec ma chèvre pour tout capital. Ma chèvre me nourrit de son lait, comme c'est arrivé du reste à feu Jupiter, le roi de l'Olympe, du temps des Dieux de la Grèce.

Mon occupation, c'est de défricher. N'ayant plus de terrain à moi, je travaille chez les autres. J'arrache des souches du matin au soir, je les fais cuire et je vends mon charbon. Voilà mon existence d'un bout de l'année à l'autre, du premier janvier à la saint Sylvestre.

Tous les défricheurs ne sont pas comme moi, et il n'y en a pas beaucoup d'aussi consciencieux. Vous en trouverez qui vous laisseront des racines dans le terrrain, qui ne piocheront pas partout, qui oublieront d'arracher des palmiers-nains, qui chercheront par tous les moyens à « carotter » le bourgeois. Avec moi, jamais.

Ceux-là, je ne les aime pas. Ils déshonorent le métier et font une mauvaise renommée à notre état.

Nous les appelons : « l'armée roulante. »

L'armée roulante ne brille pas précisément par la discipline. C'est comme l'armée des suisses d'église, où Gavarni prétend que chaque suisse est le colonel sans régiment d'un régiment sans colonel. Chacun tire de son côté, l'un à droite, l'autre à gauche ; et personne n'y obéit à personne.

Elle ne se recommande pas non plus par la beauté de l'uniforme. Le charbonnier est maître chez lui, puisqu'il vit tout seul et en plein air. De là vient qu'il néglige un peu sa toilette et que son costume n'éclate pas toujours d'une extrême fraîcheur. Il ne porte guère de cravate ni de bas, et les gants lui sont entièrement inconnus. On en a vu manquer de chemise pendant quelques jours, et à moi-même il m'arrive souvent de me faire une culotte d'un vieux sac cousu avec des feuilles de palmier-nain. Quand on n'est pas riche, il faut savoir se retourner, et ne pas manquer d'invention.

A cet égard, l'armée roulante s'entend merveilleusement, et l'on peut dire que, comme Figaro, elle déploie pour vivre plus de génie qu'il n'en faut pour gouverner toutes les Espagnes.

L'objectif est de vivre sans travailler. Mais comme on n'atteint jamais ce beau résultat qui n'est rien moins que. l'absolu, il faut bien se contenter du relatif. On travaille donc le moins possible, ce qui est l'approximation atteinte par tous ceux dont l'idéal est de ne rien faire du tout.

Il ressort de là, que les principes d'un soldat de l'armée roulante lui défendent de s'employer à la journée. Il ne loue son temps qu'à la dernière extrémité ; s'il a vendu sa pioche à défricher par exemple. La régularité dans l'action, la continuité du labeur lui sont insupportables. Il veut être libre, dit-il souvent. Il ne veut pas qu'on le commande, ajoute-t-il encore fréquemment.

Or, comme les hommes dépendent tous plus ou moins les uns des autres, et qu'il y a toujours quelque contrainte à observer dans leur contact, une liberté aussi revêche et aussi ombrageuse ne se trouve que dans la broussaille.

Là il est possible à un homme presque nu de passer quinze jours à chasser ou à prendre le soleil en s'abstenant de faire œuvre de ses dix doigts, sans que personne soit là pour lui adresser un reproche sur sa fainéantise. Tant qu'il lui restera un morceau de pain, il ne travaillera pas. La faim seule le chassera hors du bois, et lui mettra la pioche en mains. Mais alors il se hâtera de tout son pouvoir, non pas tant pour réparer le temps perdu que pour avoir plus tôt fini de travailler. Il abattra de l'ouvrage pour quatre et comme dans une fièvre d'accès.

Si ce même homme a été employé chez vous autrefois comme ouvrier à la journée, vous avez peine à le reconnaître alors. Vous vous souvenez d'un homme au regard éteint, aux allures lentes et presque compassées. Ils semblait toujours sur le point de commencer, ou sur le point de finir ; jamais on ne le voyait « agir, » dans le vrai sens du mot. Sa lenteur vous impatientait et vous compariez volontiers sa démarche à celle d'une tortue.

Vous le rencontrez aujourd'hui se rendant à son chantier de travail. Il est tout animé ; son corps est baigné de sueur. Il dévore l'espace, et court comme un fou.

— Qu'a-t-il donc à marcher si vite ? demandez-vous à l'un de ses camarades. A-t-il perdu la tête ?

— Non, répond l'autre. Mais vous voyez bien qu'il marche à son compte !

Cependant, voilà peut-être assez de mal de dit sur les confrères. Il ne faudrait pas profiter de ce que j'ai été paveur de mon état pour jeter de trop grosses pierres dans le jardin des autres.

L'armée roulante, après tout, c'est des hommes comme vous et moi. C'est des défricheurs, et sans eux il y aurait encore bien des hectares de broussailles, qui aujourd'hui portent de riches moissons.

Moi aussi, je ne suis qu'un défricheur, et je n'ai pas honte de le dire à qui veut l'entendre.

Je défriche, je défriche toujours. A moi seul, j'ai bien défriché plus de douze hectares depuis que je suis dans le pays. Mettez l'hectare à 300 fr., cela fait toujours qu'à cause de mon travail l'Algérie vaut 3 ou 4,000 fr. de plus que si je ne l'avais pas colonisée. Il y a des hommes qui ont fait plus mal. Pas vrai ?

Tout de même, me voilà vieux. Mes soixante-seize ans ont sonné au dernier {printemps, et je n'ai presque plus d'alfa sur le gourbi....

Mais je vois que vous ne devez pas me comprendre, vous autres, Parisiens, qui n'avez jamais seulement entendu crier un chacal, et qui êtes restés dans votre village, sans parcourir le monde comme nous autres, vieux Africains. Ouvrez donc le dictionnaire du défricheur et vous y trouverez :

Gourbi, petite cabane de branches ou de feuillage qui sert d'abri contre la pluie ou le soleil.

Alfa, herbe longue qui sert à couvrir le gourbi comme on ferait en Europe avec du chaume ou de la paille de marais.

Donc, quand je dis que je n'ai plus d'alfa sur le gourbi, cela signifie que je n'ai plus beaucoup de cheveux sur la tête. Rien n'est plus clair, à condition cependant de consulter le *Dictionnaire du défricheur*.

Malgré mon grand âge, je suis toujours resté le même, et j'ai gardé mes opinions. M'est avis qu'il faut les garder, quand elles sont bonnes, jusqu'à la fin.

J'aime toujours la France, et la liberté; c'est-à-dire que je suis resté chauvin et républicain. Comme tous les Français, je me laisse entraîner volontiers à sacrifier l'une de ces passions à l'autre. A ceux qui me donnaient de la gloire, je n'ai pas marchandé l'abandon de la liberté. Mais si la gloire s'en va, il faut que la liberté revienne. C'est une chose forcée : il n'y a pas moyen de l'éviter. Tous les Français sont comme cela : c'est dans le sang.

Et voilà pourquoi, au premier janvier de cette année 1872, moi, Passereau, qui n'ai rien, j'ai offert à la commune un arbre de la liberté qu'on peut voir au beau milieu de la place du village, où il commence à donner des feuilles. C'est un châtaignier, qui vient d'une châtaigne que j'ai semée de mes propres mains il y a sept ans. Nous l'avons planté à trois que nous étions, tous vieux colons comme moi. Il a un trou d'un mètre, et nous l'avons arrosé par précautions de quelques bouteilles de vin.... Quand je parle de quelques bouteilles, c'est par modestie et pour éviter les exagérations, mais je me comprends.

Je veux qu'il vive au moins quatre-vingts ans, comme son auteur.

Je veux que toute la marmaille de Tefschoun, quand elle sera devenue des hommes, pense à la liberté en mangeant des châtaignes, et qu'ils redisent toujours avec mes représentants Gambetta et Garibaldi, pour qui j'ai voté aux élections de 1871 :

Vive Paris !
Vive la France !
Vive la République !

Octave Passereau.

CHAPITRE VI *

DE PARIS A TEFSCHOUN (1848-1864)

Village de Tefschoun, le 24 février 1864.

A la recherche d'une propriété. — Le départ.

On aura beau faire à Koléa, notre chef-lieu de canton, à Alger notre capitale, à Paris notre lieu de naissance, — on aura beau faire et beau dire dans tous ces endroits, on n'empêchera pas que nous ne soyons ici, dans ce village, 243 hommes, femmes et enfants qui aimons la terre et qui la cultivons de notre mieux.

En ces derniers temps, on a dit beaucoup de mal de nous tous, colons algériens, en nous opposant à l'armée qui a conquis l'Algérie. On a même parlé de *liquider la colonisation* en nous renvoyant en France. Je n'ai jamais compris ce qu'on nous voulait et quels reproches on prétendait nous faire. Il est bien vrai que nous sommes venus ici sans fusils, ne voulant de mal à personne. Peut-être étions-nous dans notre tort, peut-être aurions-nous mieux fait de venir en armes ou de rester chez nous? Je ne sais pas bien, mais je vais vous dire comment nous nous trouvons dans le pays, et vous verrez après si nous sommes bien coupables d'avoir obéi à la voix de la France qui nous appelait ici.

* Ce chapitre a paru en 1864 dans le *Journal des Colons*.

Le plus grand nombre d'entre nous habitait Paris. Nous étions tous ouvriers de notre état, logés comme nous pouvions, vu la grande misère, au faubourg Antoine ou au faubourg Marcel, dans des galetas sans air ni lumière. Nous étions très-malheureux et le malheur excuse bien des folies, bien des illusions !

« L'Algérie ! » nous dit-on, « un pays magni-
« fique ! Il n'y a pas encore de mines d'or, c'est
« vrai ; mais on n'a pas cherché. On en trouvera
« bien sûr en cherchant. L'été, il fait chaud à cuire
« des œufs d'autruche au soleil, mais il suffit de se
« mettre à l'ombre. Quant à l'hiver, c'est bien dif-
« férent : Un vrai printemps ! Il y pousse des dattes
« et des bananes : Or, le bananier, comme l'a dit
« Bernardin de Saint-Pierre, *le bananier seul donne*
« *à l'homme de quoi le nourrir, le loger, le meu-*
« *bler, l'habiller et l'ensevelir.* »

« C'est déjà quelque chose, mais ce n'est pas
« tout : le blé rend vingt pour un sans fumier, in-
« définiment. On en a toujours trop. Ajoutez à cela
« l'agrément d'aller à la chasse au lion, tous les di-
« manches avant le déjeuner, ou après, si vous l'ai-
« mez mieux. Enfin une foule de distractions qu'on
« n'a pas entre la barrière du Trône et la barrière
« de l'Étoile ; des artichauts et des petits pois toute
« l'année, des choux et de la romaine au mois de
« janvier, et pour dessert des salades d'oranges ar-
« rosées avec du jus de canne à sucre. »

Nous n'étions pas ce qu'on appelle des gour-
mands, et nous n'aurions pas quitté père et mère pour la salade d'oranges ; d'ailleurs, nous pensions bien qu'il fallait en rabattre un peu de tout ce qu'on nous racontait. Nos frères, qui avaient vu le pays comme militaires, disaient : « qu'il était peu gai ; » que les « pierres et les broussailles n'étaient pas ce

« qui manquait le plus ; qu'il n'y avait pas de rou-
« tes et qu'elles étaient plus longues qu'en France ;
« qu'il faisait du soleil depuis le matin jusqu'au
« soir, toute la journée enfin, et que c'était un
« rude soleil ; qu'on ne trouvait souvent ni bois,
« ni eau pour faire le café ; que le vin était in-
« connu, les Arabes n'en buvant pas ; qu'ils avaient
« bien vu des dattes et des bananes, mais que dans
« toutes les garnisons où ils s'étaient trouvés, elles
« étaient très-chères. Ils en disaient autant des
« petits pois, des artichauts, et même du jus de
« canne à sucre. Pour terminer, ils ajoutaient que
« les Arabes n'étaient pas méchants, quand ils ne
« se battaient pas ; mais que ce n'était que des
« fainéants, des paresseux de première classe, tou-
« jours occupés à ne rien faire. »

A tout cela nous n'avions rien à répondre, sinon
que nous ne savions pas, et qu'il faudrait y aller
voir pour démêler le vrai du faux.

Donc, nous étions très-misérables. C'était à la fin
de 1848 : nous n'avions pas d'ouvrage, ou très-peu,
parce que les bourgeois avaient peur. De quoi ? je
n'en sais rien ; mais, du reste, ce n'est pas mon affaire.

Nous pensâmes donc que l'Afrique, belle ou
laide, riche ou pauvre, devait, dans tous les cas,
nous offrir plus de ressources pour gagner notre vie
que ce maudit Paris où nous mourions presque de
faim. Ici, réfléchissions-nous, il y a trop de monde
entassé sur une seule place : il n'y a vraiment pas
de quoi s'étonner si tout ce peuple ne trouve pas à
manger. On se serre les coudes pour arriver au
plat et avoir sa part : c'est qu'on est trop nombreux, et l'on se gêne. Là-bas, il n'y a pas assez de
bras, puisqu'on en demande et que le gouvernement veut donner de la terre à ceux qui s'y établis-

sent. Le superflu d'ici est le nécessaire là-bas. Allons en Algérie ! Peut-être réussirons-nous plus facilement qu'à Paris, à gagner notre pain de tous les jours ?

Ces réflexions faites, nous allions prendre nos renseignements à la mairie de notre arrondissement. Un employé très-poli nous apprenait que le gouvernement donnerait à chaque colon, suivant la qualité du terrain :

De 16 à 20 hectares de terre ;

Une maison de deux pièces ;

Une cour de 6 ares ;

Un lot de jardin de 30 ares ;

Un bœuf ;

La moitié d'une charrette ;

La moitié d'une charrue ;

La moitié d'une herse ;

La nourriture pendant 3 ans.

Il faut avouer que c'était bien tentant pour de pauvres gens comme nous étions. On nous offrait de la terre, grand comme la moitié du Champ-de-Mars. Et cela dans un pays fertile, avec une maison à nous, un bœuf à nous, et cætera, et cætera. Pour la première fois de notre vie, à la seule condition de travailler consciencieusement et de défricher notre terrain, nous serions chez nous, nous serions nos maîtres.

Michelet a écrit, dans son livre du *Peuple* :

« Tu auras de la terre, cela veut dire : Tu ne
« seras point un mercenaire qu'on prend et qu'on
« renvoie demain ; tu ne seras point serf pour ta
« nourriture quotidienne, tu seras libre.... Libre !
« Grande parole qui contient en effet toute dignité
« humaine ! Nulle vertu sans la liberté. »

Alors nous sommes venus avec femmes et enfants ; nous nous sommes embarqués au canal Saint-

Martin, que nous avons suivi dans de grands bateaux plats jusqu'au Rhône. D'Arles à Marseille,
on nous a fait prendre le chemin de fer ; de Marseille
à Alger, nous avons été conduits sur un bateau à
vapeur ; enfin nous arrivions en vue d'Alger.

En Afrique. — La Caravane.

Vous pouvez vous imaginer avec quelle anxiété
nous regardions cette terre nouvelle, qui était pour
nous la terre promise. Chacun faisait ses réflexions.
On était content de voir de la verdure sur ces co-
teaux au milieu de l'hiver. On avait eu froid en
route pour traverser la France ; la chaleur tiède de
la baie d'Alger réconfortait les estomacs éprouvés.
Enfin, l'impression générale était bonne : La ville,
blanche comme de la neige, encadrée dans le bleu
du ciel et le bleu de la Méditerranée, nous faisait
l'effet d'une belle décoration de théâtre.

Une dernière fois nous chantâmes la *Marseillaise*,
en signe de joie, comme nous l'avions chantée au
départ en forme d'adieux : bientôt nous entrions
dans le port.

L'évêque vint nous souhaiter la bienvenue à la
tête de son clergé, en grande pompe officielle, puis
on nous fit quitter le bâtiment. On nous logea dans
la Casba, que les soldats avaient abandonnée pour
nous faire place. Tout le monde se montrait fort
poli à notre égard : un certain nombre d'entre nous
fut emmené par des habitants de la ville, qui leur
donnèrent l'hospitalité dans leurs maisons. Enfin, à
voir l'empressement avec lequel on nous accueillait
dans ce pays, nous croyions entrer de plain pied
dans le Paradis-Terrestre.

Nous regardions la ville avec curiosité ; nous allions et venions par les rues sans pouvoir nous lasser de considérer la population indigène, les Juifs, les Maures, les Arabes. Nous étions très-étonnés de toutes ces nouveautés ; mais, suivant la coutume des Parisiens, nous ne voulions pas le paraître trop. Aussi ne manquions-nous pas de « blaguer » les Arabes : nous avions lu des romans de Fenimore Cooper, et nous les appelions « des Indiens. »

Au bout de quelques jours, on nous mettait sur la route de Koléa, les hommes à pied, les femmes avec les bagages dans des prolonges d'artillerie. Un corps de musique militaire nous conduisait jusqu'auprès d'El-Biar, puis nous continuions notre marche, non sans avoir échangé avec les musiciens de cordiales poignées de mains. Nous arrivions en pleine campagne.

En voyant disparaître, au tournant de la côte, les derniers pantalons rouges de nos conducteurs, plus d'un parmi nous se prit alors à songer aux paroles de ce pauvre Lamoricière.

Il nous avait dit à Paris, au moment de notre départ :

« C'est au travail intelligent et civilisateur « d'achever ce que la force a commencé. La plu- « me et la baïonnette ont fait en Algérie ce qu'el- « les pourraient y faire ; c'est à la bêche et à la « charrue d'accomplir leur tâche. »

Il avait dit aussi, paraît-il, un peu auparavant aux colons d'Oran :

« Il y a bientôt quinze ans que nous lut- « tons sur le sol de l'Algérie pour en assurer la « possession à la France ; l'œuvre de la conquête « s'avance ; la tâche de l'armée s'accomplit. Mais « nous ne sommes pas venus cueillir des lauriers » stériles. Il faut qu'une population française

4

« vienne se grouper sur la terre conquise, autour
« du drapeau de la nation, qu'elle le prenne dans
« ses mains, et qu'elle devienne assez forte pour le
« soutenir. »

Il y a plus de quinze ans qu'il disait cela. Or on
n'a laissé s'établir encore que deux cent mille colons en Algérie, et Dieu sait si on l'a fait d'assez
mauvaise grâce !

Tout en cheminant d'El-Biar à Douéra, nous
causions. Nous commencions à être moins gais que
lors du débarquement.

Il circulait dans notre caravane des bruits inquié-
tants. Ainsi l'on prétendait savoir de source certaine
que nos maisons n'étaient pas encore bâties, et que
le terrain que devaient occuper nos villages était à
peine délimité.

Cependant nous marchions sans trop de souci,
menant nos enfants par la main. Ceux-ci s'amu-
sant tout le long de la route ; courant dans les
broussailles vertes, et faisant trois fois le chemin.
Ils étaient heureux de gambader en pleine campagne, après ce long emprisonnement dans les bateaux
et dans les casernes. Ils regardaient tout et admi-
raient tout, les aloès, les figues de barbarie, les
buissons, et il nous fallait partager leur admiration
pour les contenter.

Leur babil nous réjouissait, mais au fond nous
n'étions pas si réjouis. Le pays nous paraissait bien
nu, l'absence d'arbres nous frappait et nous affec-
tait sensiblement. Nous pensions, en nous essuyant
le front au plein milieu de l'hiver, qu'il ferait bien
chaud au mois d'août sur ces routes sans ombre.
Plus nous allions, plus la contrée devenait déserte
et inculte.

Après plusieurs heures de marche, nous descen-
dions dans la plaine, et nous nous trouvions près d'une

rivière qu'on nous dit s'appeler le Mazafran. Cette
rivière était sale, d'une gris jaunâtre ; cependant la
vue de l'eau nous fit plaisir. Il y avait là de grands
arbres qui formaient un taillis presque impénétrable. Tout auprès de la route était installée une
famille de colons. Comme on faisait halte en cet
endroit, nous entrâmes en conversation. Ils nous
dirent que la vallée pour être belle n'en était pas
moins fort malsaine et qu'ils ne savaient pas s'ils
resteraient, car ils avaient la fièvre. Leur teint jau-
ne-paille témoignait assez de la vérité de ce qu'ils
disaient, et cela nous donnait à penser.

Bientôt on se remit en route. On montait une longue côte. Une fois arrivés tout en haut nous vîmes
encore une fois la plaine de la Mitidja, et on nous
montra au loin une petite tache blanche appelée
Blida. Nous avions peine à détacher nos yeux de ce
spectacle, car nous n'avions pas encore vu quelque
chose d'aussi beau dans tout notre voyage.

Encore tout émerveillés, nous entrions à Koléa. On
nous apprit là qu'en effet nos maisons n'étaient pas
bâties, qu'il n'y avait même rien de prêt pour nous
recevoir, et qu'il fallait attendre qu'on construisit
des baraques en bois pour nous loger près de nos
futurs villages. Du reste, « cela ne tarderait pas. »

Nous n'étions pas trop contents de ce retard. Nous
aurions bien voulu nous reposer sous notre toit,
après un long voyage : en outre, nous craignions de
voir s'épuiser nos ressources.

Nous n'avions pas apporté de France beaucoup
d'écus ; mais chacun avait son petit pécule qu'il
avait ramassé en vendant son mobilier et les hardes
qui ne lui étaient pas absolument nécessaires. Nous
n'avions rien laissé derrière nous : nous avions
brûlé nos vaisseaux, comme on dit.

Il est vrai que le gouvernement nous donnait nos

vivres, mais ce n'était pas toujours ce qu'il y avait
de meilleur ; dans le riz qu'on nous distribuait,
nous trouvions beaucoup de petites pierres, et le
reste était à l'avenant. Nous devions donc prendre sur notre fonds personnel les suppléments in-
dispensables ; et puis il fallait entretenir nos vêtements, payer notre tabac, etc., tout cela avec nos
rentes.

Il se passa longtemps avant que les baraques
fussent terminées complétement à Tefschoun. A
mesure qu'elles étaient prêtes, les familles allaient
s'y installer. Vous dire qu'on s'y trouvait bien, ce
serait mentir. On n'était pas chez soi, on ne cessait
pas d'être campé. Il y avait un poste de soldats,
une ambulance, enfin tout ce qui constitue une
petite ville de garnison ; mais de terres, de maisons, point. Devant nous, au-dessous de la falaise,
la mer s'étendait à perte de vue ; à droite, à gauche et derrière nous, on ne voyait rien autre chose
que des broussailles. C'était d'une tristesse mor-
telle.

Enfin, nous y étions. Il n'y avait pas à en dé-
mordre : nous l'avions voulu. — Après tout, pen-
sions-nous, mieux vaut souffrir de la misère ici,
au chaud, que de grelotter de froid au sixième
étage d'une mansarde.

Et nous tâchions de nous consoler comme cela.

Au village. — Le partage des biens.
Une colonie officielle.

Nous étions donc campés sur l'emplacement du
village à venir. On nous avait logés dans des baraques divisées par de minces cloisons de planches
en cellules, qu'on ne peut mieux comparer qu'aux

cabinets des établissements de bains. Les cellules, n'ayant point d'autre plafond que le toit des baraques, communiquaient entre elles par le haut, de sorte que les conversations particulières étaient toutes forcément des conversations générales. Mais, passons sur ces détails.

Il nous avait été promis deux hectares défrichés par famille : rien n'était prêt. On nous attribua, lors de notre arrivée, vers le mois de janvier 1849, deux hectares de *broussailles*, un lot de jardin en *broussailles* (24 ares), et les fractions de charrette, de charrue, de herse, de bétail, qui avaient été jugées nécessaires pour que nous puissions exploiter nos terres en nous associant. La répartition eut lieu par la voie du sort.

Au bout de six ou huit mois, le village était construit. Il n'a guère changé depuis 1849, et se compose toujours d'une cinquantaine de maisons de deux pièces chacune, bâties sur le versant d'une côte en pente rapide vers la mer, et entourées d'un mur d'enceinte d'environ deux mètres de haut.

Les maisons, élevées par des ouvriers civils sous la direction du génie, avaient été couvertes avec tant d'économie par les entrepreneurs, que sur cinq rangées de tuiles, une seule était scellée. Aussi le vent enlevait-il la toiture et la pluie tombait-elle dans les maisons. On s'aperçut de ces inconvénients un peu trop tard : nous eûmes à faire les réparations.

Il en était à peu près de même pour les planchers, qui avaient d'abord été faits en béton : on a fini par les changer et par carreler en briques. Du reste, les lots de maisons furent tirés au sort, comme les lots de deux hectares.

Nous étions fort embarrassés avec nos terres : nous ne savions comment faire disparaître les brous-

sailles qui les couvraient. Il y avait parmi nous
quelques cultivateurs de profession, mais c'était
l'infime minorité. La plupart se bornèrent à défricher leur jardin, attendant que l'Etat leur remit
les deux hectares immédiatement cultivables qui
leur avaient été promis. D'autres se mirent brave-
ment à arracher les souches, ne comptant que sur
eux-mêmes. D'autres, enfin, se croisèrent complétement les bras et vécurent sans souci, sachant
qu'ils avaient trois ans de nourriture assurée.

Cependant, comme nous réclamions instamment
l'exécution des promesses qui nous avaient été
faites, on finit par faire défricher à chacun de nous,
par des soldats de la ligne et par des zouaves, environ un demi-hectare. Puis les troupes partirent
en expédition et nous laissèrent.

Nos colons les plus habitués au travail des
champs et qui montraient le plus de courage n'é-
taient guère plus à leur aise que les plus paresseux. Un bon défricheur, habitué au métier, ne fait
pas plus d'un are par jour, à la tâche. Il fallait donc
quatre ou cinq mois à chaque chef de famille pour
conquérir un hectare de terre en état d'être cultivé.
Puis il devait s'entendre avec trois de ces camarades possédant chacun un bœuf pour avoir un attelage et pouvoir labourer; car il faut dans nos terres rouges du Sahel quatre bœufs pour tirer nos
charrues les plus légères. Enfin, quand la récolte
était faite, on ne pouvait vendre son blé qu'à l'administration, comme cela a eu lieu aussi fort longtemps
pour les tabacs. On se rendait donc à Koléa, où on
ne recevait quelquefois que 16 à 17 francs par
quintal.

En somme, loin de nous enrichir, nous dépen-
sions peu à peu notre argent. Les vivres qui nous
étaient fournis ne brillaient pas plus par leur fraî-

cheur que par leur qualité ; nous devions toujours prendre sur notre bourse les compléments nécessaires. Nous nous attristions de plus en plus : beaucoup partaient, disant qu'ils n'espéraient plus rien. Ils demandaient à être rapatriés, et on leur donnait leurs feuilles de route pour retourner en France aux frais de l'Etat. A ces départs volontaires, il faut ajouter les départs involontaires, « par suite d'évincements. »

Expliquons ce qu'était l'évincement. Il faut savoir, pour comprendre cela, que la colonie de Castiglione, divisée en deux sections ou villages, avait pour directeur un lieutenant du génie, ayant Castiglione pour résidence ; et pour sous-directeur un sous-lieutenant de la même arme, qui gouvernait Tefschoun.

Quand un colon « troublait l'ordre public, » ou « montrait de l'insubordination, » il pouvait être enfermé dans le blockhaus en planches qui avait été construit au-dessus du village, et qui a disparu maintenant. A Tefschoun, cette peine n'a jamais été appliquée, mais à Castiglione, elle l'a été plusieurs fois.

Pour des « motifs plus graves, » le colon pouvait être « évincé, » c'est-à-dire qu'on lui remettait les papiers nécessaires pour retourner chez lui, bon gré, mal gré. Il avait fait seulement un voyage d'agrément en Algérie, partie à ses frais, partie aux frais du gouvernement.

Enfin, puisque nous sommes sur ce sujet, il est une peine qui a failli être appliquée à Tefschoun, et qui eût sans doute été spéciale à ce village. Il s'agissait de la suppression des vivres, pendant un temps plus ou moins long. Par bonheur pour nous, cette punition d'un nouveau genre est toujours restée à l'état de projet.

Comme si nous n'étions pas assez malheureux, la maladie vint sur ces entrefaites nous visiter. Nous eûmes presque tous la fièvre, et quelques-uns en moururent. Cependant notre situation était privilégiée. Nous avions près de nous la mer, nous habitions un plateau bien aéré, exposé à tous les vents. Combien a-t-il dû mourir de pauvres gens, dans les autres villages moins bien placés que le nôtre !

Dans le courant de la deuxième année, on compléta nos lots de terre, tels qu'ils sont encore aujourd'hui, mais sans tirer au sort pour les répartir. Nous reçûmes six hectares et un lot de terrain à vignes de vingt-quatre ares, situé près du village ; plus deux hectares de prairies à Ben-Bernou, dans la Mitidja, à 16 kilomètres de Tefschoun. En totalité, chaque famille a donc été pourvue de dix hectares cultivables. — En Amérique, les concessions du gouvernement étaient, en 1861, de 71 hectares par famille.

En 1851, c'est-à-dire près de trois ans après notre venue, nous vîmes enfin arriver un bataillon de turcos. Ces Arabes défrichèrent, tant mal que bien, un hectare et demi sur la concession de chacun de nous. Ainsi se trouvèrent à peu près remplis, un peu tard, il est vrai, les engagements de l'Etat envers nous.

Nous approchions du moment où les répartitions de vivres allaient cesser, et où nous nous trouverions livrés à nous-mêmes. Pendant les derniers mois, on avait déjà remplacé les distributions en nature par des secours d'argent.

C'est vers cette époque que Tefschoun eut un maire. C'était un progrès. Il est vrai que ce maire régnait seul, car il n'était pas assisté de conseillers municipaux.

Enfin la distribution des vivres, tant en espèces

qu'en nature, cessa complétement. Nous entrions
dans une nouvelle période d'existence. La bonne
moitié des premiers colons était partie, et avait été
remplacée par des cultivateurs venant d'autres villages d'Algérie, quelques-uns d'Alsace, ou par des
soldats libérés du service. Peu des nouveaux colons
venaient directement de France; c'était le petit
nombre.

Le village en 1864. — Hypothèques et expropriations.
Comme on se fait une patrie.

A peu près à l'époque où nous fûmes gratifiés
d'un maire, nous vîmes arriver plusieurs transportés. On a dit du mal des transportés de 1852.
Pour ce qui nous concerne, nous n'avons pas eu à
nous en plaindre. Ceux qui se sont fixés ici sont
venus presque sans ressources : ils ont travaillé
comme des nègres, d'abord pour les autres, puis
bientôt pour leur propre compte. Ils n'ont rien reçu
du gouvernement, ils n'ont pas eu un are de concession, ils ont acheté peu à peu ce qu'ils possèdent,
et aujourd'hui quelques-uns d'entre eux sont les
propriétaires du pays les plus à leur aise. — Que
prouve ceci, soit dit en passant ?
Ceci, me semble-t-il, prouve une fois de plus que
les gouvernements ne font pas toujours la richesse
des particuliers, et que, tout à l'inverse, la fortune
des citoyens se passe fort bien de la protection d'en
haut pour se développer. Ceci prouve qu'il faut
compter avant tout sur soi-même, puis encore sur
soi et enfin toujours rien que sur soi.
Quand on est bien pénétré de cette vérité, on est
véritablement un homme, et l'on peut espérer de
faire beaucoup.

Pour nous, c'est seulement lorsque les vivres de l'Etat nous ont manqué, que, dépourvus de tous moyens d'existence, nous avons commencé sérieusement à défricher. En défrichant, nous gagnons peu à peu du terrain, et surtout nous nous procurons les souches qui servent à faire du charbon. Le charbon est ce qui nous fait vivre encore aujourd'hui. Sans lui et sans le palmier-nain, nous serions tous morts de faim depuis longtemps.

On dira que nous avons nos récoltes. — Mais nos récoltes vont s'épuisant tous les jours; elles diminuent de plus en plus. Il existe bien certaines plaines où la terre, d'une fertilité exceptionnelle, peut supporter pendant dix ans de suite la culture du blé sans trop s'appauvrir ; mais il est bien loin d'en être de même partout. Ici, comme en Europe, la terre exige un assolement régulier et des fumures périodiquement renouvelées. Il ne suffit pas de faire ce qu'ont fait les plus sages d'entre nous, c'est-à-dire d'alterner avec le blé la jachère qui nous donne d'assez bon fourrage. Il faut varier les cultures et surtout fumer.

Or, pressés par le besoin, nous avons fatigué nos champs en y semant toujours et toujours du blé, sans trêve ni repos, à tel point que nous n'obtenons presque plus rien. Pour ce qui est du fumier, nous n'en faisons pour ainsi dire pas, soit parce que nous avons peu de bétail, soit parce que nous ne comprenons pas encore assez combien il est nécessaire de nourrir la terre, si nous voulons qu'elle nous nourrisse.

Nous vivons de la vente du charbon ou du crin végétal (palmier-nain). Quand la terre est assez rafraîchie par les pluies pour que nous puissions défricher, nous manions la pioche du matin au soir pour arracher des souches. Ceux qui ont du terrain à eux défrichent chez eux, les autres vont défricher chez les propriétaires voisins, ou dans le communal, ou même dans les terres de la tribu voisine. Sur un are, nous trouvons en moyenne assez de bois pour avoir 50 à 60 kilogrammes de charbon. Peu de travaux sont aussi pénibles.

Quand le bois est extrait de la terre, la moitié seulement de la besogne est faite. Il faut encore monter la charbonnière et la veiller pendant deux jours et deux nuits : un moment d'inattention suffirait pour tout perdre, car elle pourrait s'enflammer. Enfin tout est terminé, le charbon est cuit à point ; il faut le transporter à Alger et cela ne coûte pas moins de deux francs par quintal.

A Alger, nous le vendons plus ou moins cher, suivant les époques. Au moment des labours et lors de la moisson, presque tout le monde étant occupé à autre chose, il est rare et il augmente ; avant et après, il baisse. En 1854, nous le vendions 5 fr. ; lors de la guerre de Crimée, on nous l'a payé jusqu'à 17 fr. le quintal. Au mois de décembre dernier, on l'a vu à 7 fr.; aujourd'hui, en 1864, il est à moins de 6 fr. — Nous n'avons presque jamais d'avances, aussi ne pouvons-nous jamais attendre, quand les cours sont trop bas. Nous sommes forcés de vendre de suite, à n'importe quel prix : ne faut-il pas acheter une balle de farine pour donner du pain à nos enfants ?

Quand la terre est trop dure pour que notre pioche puisse l'entamer, nous peignons du palmiernain. C'est encore une ressource. On nous l'a payé jusqu'à 16 fr. le quintal ; aujourd'hui il vaut de 9 à 10 fr. Les femmes et les enfants vont le couper dans les broussailles, et nous le travaillons ; puis nous l'envoyons à Alger. De bons ouvriers peuvent gagner jusqu'à 2 fr. par jour en peignant le palmier.

Voilà comme nous vivons. Nous ne nous enrichissons guère à tous ces métiers. Dès 1855, époque à laquelle notre maire a été remplacé par un
adjoint au maire de Koléa, et à laquelle on nous
a délivré nos titres de propriétés définitifs, nous
avons emprunté à dix pour cent. C'est alors aussi,
disons-le en passant, que nous avons pour la première fois payé des impôts à la commune.

Nous avons tant emprunté, qu'aujourd'hui,
24 février 1864, les trois quarts de nos propriétés
sont grevés d'hypothèques.

Aujourd'hui (je parle de 1864), la propriété est
dépréciée à ce point dans notre village, il en est
d'ailleurs de même dans les villages voisins, qu'un
hectare de terre défriché, ayant coûté de 2 à 300
fr. pour le défrichement, ne vaut plus, après deux
ou trois récoltes, que 200 fr. Encore bien heureux
si nous trouvons acheteur à ce prix ! Et cette situation n'a fait que s'empirer depuis notre arrivée ici.

En résumé, si l'on veut voir où nous en sommes
maintenant, je m'en vais le montrer clairement par
des chiffres.

Des colons de 1849, il ne reste plus que sept familles.

Le village comprenait 64 lots à bâtir, sur lesquels
il faut déduire quatre lots communaux pour la
mairie, la chapelle, la maison d'école et la maison
de l'institutrice.

Sur les 60 lots restants, deux n'ont pas été bâ-
tis : le village se compose donc de 58 maisons. Là-
dessus nous en trouvons aujourd'hui :

13 non habitées ;

45 habitées ;

De ces 45 maisons,

23 seulement sont habitées par leurs propriétaires ;

30 sont louées et appartiennent à des gens de la ville. Un négociant d'Alger en possède à lui seul sept ou huit.

Ainsi, le capital, ce maître du monde, auquel nous pensions échapper en quittant Paris, le capital peu à peu nous évince, ou nous soumet à sa loi. La moyenne propriété se reconstitue autour de nous avec les lambeaux de nos concessions : nous vendons de gré ou de force tous ces hectares de terres qui valent plus entre les mains d'autrui qu'entre nos propres mains. Nous ne savons pas ou nous ne pouvons pas les entretenir convenablement. La culture de la vigne pourra peut-être nous donner quelques ressources pour subsister, mais elle est encore bien peu avancée. Voilà où nous en sommes, après avoir eu chacun, à parts égales, notre maison, nos champs, nos bœufs, etc., etc. Avouez que notre exemple n'a rien d'encourageant pour ceux qui, autrefois, ont cru voir dans un partage égal des terres un remède efficace aux maux dont souffre la société actuelle. Nous savons, par expérience, que cela n'aboutit à rien de durable, et qu'il ne faut pas chercher de ce côté pour trouver la véritable formule des rapports sociaux. Quand notre histoire n'aurait fourni qu'une preuve de plus à l'appui de cette vérité, elle mériterait déjà d'être racontée. Mais on en peut tirer aussi un autre enseignement.

Nous avons bien souffert dans ce pays. Nous y souffrirons peut-être encore davantage, mais nous y sommes attachés du fond du cœur. Je ne sais comment cela se fait, mais nous l'aimons d'autant plus !

Nous y avons tant travaillé ! Chacune de ces pièces de terre nous a coûté cent journées, rien que pour le défrichement !

D'autres peuples ont conquis le sol de leur pays sur la mer : nous avions les broussailles à faire reculer, et nous avons tout de même accompli notre devoir. Malgré tous nos déboires, nous avançons sans cesse. Nous ne nous enrichissons pas, mais grâce à nous l'Afrique compte chaque année quelques carrés de terre labourable de plus, et l'avoir de la grande société humaine s'accroît un peu.

Eh bien ! sans que nous sachions bien précisément pourquoi, c'est une chose à laquelle nous pensons tous avec plaisir...

D'ailleurs, nous avons chassé la fièvre par nos défrichements. Depuis cinq ans, il n'y a eu à Tefschoun, sauf quelques décès de jeunes enfants, que deux cas de mort « *par suicide.* » Le climat est devenu tellement sain que pour mourir il faut le vouloir absolument !

Quant à nos enfants, qui sont nombreux — nos familles comptent de cinq à six têtes en moyenne — ils sont encore plus que nous rivés à la terre algérienne. Ils aiment la France leur grand'mère, dont ils entendent constamment parler, mais leur mère est l'Afrique : c'est elle qui devient leur patrie. J'ai entendu dire par l'un d'eux à un Européen qui parlait devant lui des choses d'outre-mer :

— Est-ce que c'est vrai, monsieur, qu'il y a des pays où il n'y a pas des Arabes ? Comment cela peut-il bien être ?...

On peut se tranquilliser en France. Ces enfants là ne s'en iront pas, ils ne déserteront pas le poste de combat où leurs pères ont été placés. Ni les incendies, ni les sauterelles, ni les tremblements de terre, ni le reste.... rien ne pourra les déraciner du sol.

Ils y resteront, parce qu'ils sentent vaguement,

mais profondément, qu'ils font leur devoir, qu'ils combattent le bon combat, qu'ils accomplissent l'éternelle, la grande, la sainte loi du progrès par le travail !

Et qui sait si l'avenir ne sera pas meilleur pour eux qu'il ne l'a été pour nous * ?

* Nous croyons utile de rappeler encore une fois au lecteur que ce chapitre a été écrit il y a dix ans. La situation n'est plus la même aujourd'hui. Elle est beaucoup meilleure, ainsi qu'on le verra par les derniers chapitres de l'ouvrage.

CHAPITRE VII

LES INCENDIES

Le Sahel est cette série de collines qui constitue les côtes de l'Algérie. Il se compose d'une longue bande de terre parallèle à l'Atlas, et située entre la mer d'une part, les grandes plaines de l'autre. Ici, c'est la riche plaine de la Mitidja, là l'immense vallée du Chéliff, ailleurs la plaine d'Oran avec son grand lac salé, ou bien encore la vallée de la Seybouse, dans la province de Constantine.

La même disposition se retrouve à quelques interruptions près, dans toute l'Algérie. Elle fait du Sahel la contrée la plus saine, la plus fraîche et la plus pittoresque de chaque province.

Placé sur le versant nord, l'observateur a la mer en face de lui, la grande mer, toujours changeante et toujours belle. Reflétant la couleur du ciel, elle est tantôt d'un bleu foncé presque noir, tantôt d'un azur pâle voilé par une dentelle de brumes. Elle est vide d'habitants. C'est le désert d'eau. Aujourd'hui nous ne voyons même plus, comme hier, de petites voiles blanches qui, courant sur les rides du vent, attiraient invinciblement nos regards. Car nous avons beau vouloir nous isoler des hommes, et chercher la nature vierge. Ici comme au sein des villes populeuses, c'est encore l'homme qui captive notre intérêt, remplit notre pensée ; c'est encore lui que nous cherchons le premier dans chaque paysage.

Cependant, au bout de l'horizon, se confondant presque avec les nuages, une tache noirâtre nous annonce la présence d'un bateau à vapeur. Nous suivons des yeux cette fumée. Déjà nous avons cessé d'être seul. Où il y a du feu, il y a des hommes.

Si maintenant nous regardons du côté de la plaine, c'est encore le feu qui nous signale, de la façon la plus expressive, la présence de l'activité humaine. Là encore, la vie se manifeste par la fumée.

C'est la fumée des fermes enfouies dans les massifs de saules ou de peupliers.

C'est la fumée des feux de défrichement qui sort du sein des broussailles.

C'est la fumée des machines à battre le blé.

C'est la fumée blanchâtre des locomotives du chemin de fer. Les jets de vapeur lui donnent une teinte spéciale qui la fait reconnaître au loin. Mais ce qui la signale surtout à notre attention, c'est que seule entre toutes celles dont la plaine est parsemée, elle se déplace. Seule elle est douée de ce mouvement incessant et voulu, de cette activité progressive et raisonnée qui sont les attributs essentiels d'une vie supérieure.

Mais peut-être aussi cette fumée qui marche est-elle poussée par le vent? Peut-être est-ce la fumée d'un incendie à ses débuts?

Les incendies ne sont pas rares en Algérie. Sous un climat comme celui-ci, où la pluie manque pendant le tiers de l'année, les meules de paille et les maisons brûlent comme des allumettes chimiques. Mais des incendies isolés, si graves que soient leurs effets pour ceux qui en souffrent, ne doivent pas nous intéresser davantage que ceux de même genre qui se produisent en Europe, soit par malveillance, soit tout simplement par imprudence.

Notre spécialité à nous, c'est l'incendie des

broussailles et des forêts, c'est l'incendie en grand, où tout ce qui est à la surface du sol brûle, animaux et végétaux. On pourrait dire alors, si l'expression n'était pas un peu forcée, qu'on a mis le feu à la nature.

Les années 1860, 1863, 1865, 1871 et 1873 ont eu leurs grands incendies. Mais l'année 1865 surtout a été terrible.

« Du 22 au 27 août dernier, » dit le rapporteur d'une commission élue par les concessionnaires des forêts de chênes-liége, « pendant cinq longues « journées et cinq longues nuits, sur une étendue « de 250 lieues de côte et sur une profondeur de « 10 à 15 lieues, de la frontière de Tunis à « celle du Maroc, le feu du plus vaste incendie qui « ait jamais été constaté a dévoré forêts, bois, « broussailles, makis, vergers, chaumes, meules « de fourrages, et en plusieurs endroits des han- « gars, des maisons d'habitation, des fermes en- « tières avec tout leur matériel.

Ce tableau n'est pas chargé. Sept villes ont été menacées par le feu : Stora, Philippeville, Jemmapes, Miliana, Marengo, Relizane, Sidi-bel-Abbès. Nommerons-nous maintenant les villages ? — Nous croyons que cela vaut mieux pour attester l'étendue du désastre d'une façon plus nette, plus précise.

Les villages suivants ont été entourés par les flammes et défendus par leurs habitants : Hammam-Meskoutine, Robertville, Gastu, Sidi-Nassar, Héliopolis, Saint-Antoine, Sidi-Moussa, Douaouda, Fouka, Bou-Ismaël, Chaïba, Tefschoun, Attatba, Bérard, Duperré, Bel-Assel, Ouled-Mimoun, etc.

Je manquerais à tous mes devoirs de citoyen de Tefschoun, si je ne vous disais pas qu'en cette circonstance les meules du village ont brûlé. Tout notre Sahel, depuis Alger jusqu'au Tombeau de la Chrétienne, soit dix ou douze lieues de côtes, était changé en un morceau de charbon. Les chaumes avaient disparu et laissaient voir la terre nue. Des broussailles, il ne restait plus que quelques bois brûlés dépourvus de leurs feuilles. On rencontrait partout des lapins, des perdrix, des sangliers étouffés par la flamme.

D'ailleurs les incendies nous visitent souvent, si souvent que nous commençons à en avoir l'habitude. Tous les ans, régulièrement, ils s'approchent d'une ferme que je connais bien, tantôt à deux cents, tantôt à cent, tantôt à dix mètres. Ils arrivent un jour par le sud, le lendemain par l'ouest, ou encore par l'est, ou même par le nord : tous les vents leur sont bons.

On se défend comme on peut. Avec des branches vertes, on frappe à coups redoublés sur la terre enflammée, et on tâche d'arrêter le feu dans sa course rapide. Mais quand il s'agit de la grande broussaille, on est plus embarrassé, car les flammes s'élèvent et empêchent d'approcher. Alors aussi, le danger devenant imminent, l'esprit de fraternité se réveille. On se porte secours les uns aux autres, et tout le village, hommes, femmes, enfants, vieillards, se mettant de la partie, une branche de lentisque ou d'olivier en mains, court sus à l'ennemi commun.

La fréquence des incendies a, d'ailleurs, pour effet de les rendre moins dangereux. On comprend, en effet, qu'une broussaille qui brûle tous les deux ou trois ans n'a pas le temps de s'élever bien haut, et qu'on peut souvent, sinon s'en rendre maître, du moins préserver tel ou tel point donné.

N'importe : c'est toujours l'inconnu. Où s'arrêtera-t-il ? Brûlera-t-il la vigne ou seulement quel-

ques arbres du verger? Ira-t-il jusqu'à la meule
de fourrage, à la meule de grain, ou même jusqu'au hangar, jusqu'à la maison? Nul ne le sait.
Une saute de vent, un coup de siroco ou même
une brise de mer peuvent tout sauver ou tout perdre.

En attendant, la chaleur augmente autour de
nous, elle devient excessive et rend la respiration
difficile. La fumée s'épaissit, couvrant une immense
étendue du ciel, et masquant souvent le soleil
comme d'un nuage de cendres : Phébus prend
alors cette teinte jaune spéciale qu'on remarque
chez lui lors d'une éclipse. La fumée, vue de près,
est noire, mais en s'étendant et s'élevant elle prend
un ton grisâtre moins foncé. Elle emporte au loin
avec elle l'odeur aromatique ou résineuse des essences d'arbres que le feu vient de dévorer. A plusieurs lieues de distance, cette odeur révèle parfois la nature de l'incendie, de sorte qu'on peut dire
à coup sûr : « Ce qui a brûlé là-bas, c'est de la
« broussaille de lentisque, » ou bien : « C'est un
« bois de pins. »

Il faut s'approcher des broussailles en feu : le
spectacle en vaut souvent la peine. Les yeux et la
gorge sont bien un peu saisis par l'âcreté de la fumée. Mais pourvu que vous ayez quelque curiosité d'impressions, vous prendrez plaisir à entendre
ronfler la flamme, éclater le bois vert, et siffler les
feuilles vertes atteintes par les langues de feu.

Ce sifflement surtout est caractéristique : on
dirait d'un fer rouge qu'on trempe dans l'eau.

J'imagine que l'enfer, cet enfer que les chrétiens se réservent tout spécialement, et où nous
irons tous, vous qui me lisez et moi qui vous parle,
doit être quelque chose comme cela. Il est possible
cependant que la mise en scène y soit supérieure,

Je n'ose rien affirmer là-dessus : car je ne suis pas de ceux qui y sont allés.

Mais, pour en revenir à l'incendie de 1865, le journal officiel d'Alger avait trouvé à cet incendie, qui venait de dévorer une valeur de vingt ou trente millions de francs, une explication simple, mais peu consolante. Il assurait que par le grand soleil du mois d'août des culs de bouteilles oubliés dans la broussaille par les défricheurs avaient joué le rôle de verres grossissants et mis le feu « *par hasard* » en même temps dans les trois provinces. Voyez-vous ces malicieux culs de bouteilles.

C'était absurde, mais officiel. Il n'y a pas toujours incompatibilité d'humeur entre ces deux adjectifs. Ce qui est officiel n'est pas toujours absurde, mais ce qui est absurde devient quelque fois officiel.

Pour nous, colons, nous connaissons très-bien les incendiaires. Quand, armés de branches de lentisque, nous frappions sur la broussaille pour étouffer le feu et en arrêter les progrès, je vous jure que nous n'avons pas songé un instant à accuser les culs de bouteilles.

Nous n'avons pas accusé davantage le siroco, qui, cependant, il faut le reconnaître, était un peu complice.

Tous les ans, vers la fin de l'été, il souffle avec fureur, à tel point qu'on se croirait, pour employer la comparaison la plus répandue, « en face de la gueule d'un four. »

C'est ce moment que les Arabes choisissent pour allumer les feux. Lors même qu'ils ne conspirent pas contre nous, ils suivent une coutume traditionnelle en incendiant, pour s'épargner la peine de défricher. Les branches et les feuilles des broussailles une fois brûlées, l'herbe pousse à foison entre les racines ; et pendant deux ou trois ans, jusqu'à ce que les rejets aient recouvert le sol, les troupeaux rencontrent là des prairies naturelles assez fournies où ils peuvent s'engraisser.

C'est à peu près ce qui se passe aux Etat-Unis. D'après le récit d'un voyageur, en date de l'année 1853, « les incendies sont quelquefois occasionnés « par le hasard ou par la négligence des voyageurs « et des chasseurs ; mais d'ordinaire c'est à dessein « que les habitants des prairies mettent le feu à de « grands espaces, afin d'obtenir un gazon plus jeune « et plus vigoureux. Au bout de quelques jours, « on voit déjà poindre une herbe tendre dont la « verdure cache les endroits noircis et calcinés par « le feu, et quand ce gazon a poussé, les Indiens « s'y rendent avec leurs troupeaux après avoir mis « le feu dans d'autres directions.

« Par malheur, ces incendies prémédités tournent « souvent au détriment des Indiens et détruisent « le bétail et le gibier ; car si l'homme peut à son « gré enflammer cet océan de gazon, il est hors de « la puissance humaine de diriger le feu, surtout « quand un orage s'élève et chasse les flammes sur « des espaces immenses. » (Mollhausen, *Voyage du Mississipi aux côtes de l'Océan pacifique.*)

Rien de plus simple que ce système, rien de moins coûteux, rien de plus tentant pour la paresse de pasteurs qui ne cultivent de céréales que juste ce dont ils ont besoin pour vivre. Aussi ne pourrons-nous les empêcher de mettre le feu aux broussailles qu'en montrant à leur égard une extrême sévérité. Jusqu'ici l'administration est restée impuissante, sourde, aveugle et muette. Elle a même été coupable.... je n'en dis pas davantage de peur d'en trop dire.

Les Hindous ont un proverbe d'après lequel celui qui a planté un arbre peut mourir, parce que sa vie n'aura pas été inutile au reste des hommes.

Renversant la proposition, nous n'irons pas jusqu'à dire, tant nous avons de respect pour les arbres, que celui qui détruit un arbre mérite la mort.... Comme au fond nous ne voulons la mort de personne, nous nous bornerons à demander beaucoup d'années de prison pour les incendiaires, pour les allumeurs du feu d'abord, mais surtout pour les chefs de ces allumeurs, grands criminels restés impunis jusqu'à ce jour.

Incendier des forêts en Algérie, dans une contrée sans bois, sans eaux courantes, sans pluies, dans un pays bordé au Midi par le Sahara ! Mais si c'est un crime ailleurs, que sera-ce donc ici ?

Allez voir où il y avait un bouquet de bois, quelques années après le passage du feu. Au lieu de l'ombre et de la verdure qui vous avaient charmés, il ne reste plus des arbres pour tout souvenir que des espèces de poteaux grisâtres, sortant de terre à un demi-mètre de hauteur. Les Arabes de la tribu voisine ont abattu pour leur usage les perches de bois brûlé au niveau qui leur paraissait le plus commode. Economes de leur travail, ils ont jugé inutile de se baisser un peu pour les couper ras de terre, ainsi que le font les bûcherons d'Europe.

La production de la terre végétale dûe aux débris de feuilles et d'écorce fabriqués par les arbres, cette création de l'humus nourricier qui alimente à son tour la végétation dont il est issu, cette création s'arrête. Pour peu que le terrain soit en pente, les eaux que rien ne retient plus dénudent le sol, et on voit reparaître à la surface les roches, que les laboureurs appellent poétiquement les os de la terre.

Soyez sûr que le géographe Elisée Reclus,

amoureux passionné de la planète Terre qu'il anime de son souffle comme le sculpteur Pygmalion donnant la vie à sa statue, soyez sûr qu'Elisée Reclus saisirait cette métaphore au vol. Il est capable de nous dire que la terre, nous laissant voir sa charpente osseuse, a évidemment maigri. Ou s'il ne va pas jusque-là, il nous prouvera du moins qu'elle s'épuise et qu'elle devient stérile.

Autrefois l'Afrique du Nord n'était tout entière qu'une forêt. Du temps des Romains, on pouvait aller de la Tunisie au Maroc sans cesser d'être à l'ombre.

Grâce à l'incendiarisme, les temps sont bien changés ; car il n'y a plus de bois en Algérie, et tous nos madriers viennent de Suède, de Norwége ou de Trieste.

Nous avons beaucoup de broussailles, il est vrai, mais nous n'avons pour ainsi dire pas de forêts qui méritent ce nom. Dans la plupart, ainsi que je l'ai dit il y a longtemps, dans la plupart de ces forêts il n'y pas d'arbres. Et quand il y a des arbres, ce sont des arbres qui ne fournissent pas de bois.

Or ces forêts sans arbres et ces arbres sans bois ont le privilége de coûter beaucoup, de brûler toujours et de ne rapporter jamais.

Tout est donc à refaire, à cet égard-là comme pour le reste. Sans hésitation il faut défricher et reboiser.

Le reboisement n'est pas d'ailleurs aussi difficile ni aussi dispendieux qu'on le croit généralement. Presque toutes les espèces d'arbres verts d'Europe réussissent à merveille, et enfin nous avons les arbres d'Australie qui dépassent toutes les essences européennes par la rapidité de leur croissance.

L'eucalyptus globulus est le plus intéressant de tous ces végétaux. D'après un rapport adressé à l'Académie des sciences, il peut, dans certaines conditions *exceptionnelles*, grandir d'*un mètre par mois*. C'est invraisemblable, mais je crois cependant que c'est vrai.

En effet, chacun de nous dans la pratique ordinaire de ses propres plantations le voit grandir de deux ou trois mètres par an, sans grands soins. Au bout de huit ans de semis, son tronc atteint plus d'un mètre cinquante de circonférence. Or il faut soixante ans à un chêne pour en arriver là.

Aussi avons-nous tous planté des eucalyptus. Après M. Ramel qui nous l'a apporté d'Australie, après M. Cordier qui a déjà de petites forêts, M. Trottier, qui poursuit la culture de cet arbre à la fois pratiquement et scientifiquement, en a pour sa part, en 1874, trente hectares à sa propriété de Rovigo.

Nous réussissons tous dans nos plantations. Seule l'administration des forêts échoue. Ainsi qu'on pouvait s'y attendre, elle a tenu à nous montrer par ses essais infructueux qu'organisée comme elle l'est, elle ne sert à rien, ni à conserver les broussailles, ni à créer les forêts.

L'initiative individuelle a donc suffi pour répandre l'eucalyptus dans toutes les parties de l'Algérie, depuis les environs de Bône jusque dans la plaine du Chéliff, à ce point que le paysage en est déjà transformé.

Partout vous le voyez balancer gracieusement ses flèches élancées semblables aux pyramides du peuplier. La moindre brise agite ses feuilles, allongées comme celles du laurier et retombantes comme celles du saule pleureur.

La fabuleuse rapidité de sa croissance, sur laquelle on ne saurait trop s'extasier, permet à celui qui le sème aujourd'hui de se reposer à son ombre quatre ans après. De sorte qu'on a pu dire de lui très-justement que c'est l'arbre des vieillards.

C'est donc l'arbre de notre siècle pressé, de notre siècle positif et calculateur. Il résout mieux que tout autre végétal les données du problème forestier. « Produire aussi rapidement que possible « le plus de bois possible. » L'Australie exportait en 1870 pour vingt millions de francs de bois d'eucalyptus.

C'est l'arbre aux fibres incorruptibles qu'on emploie pour la construction des navires et des jetées de débarquement.

C'est l'arbre au bois dur, si dur qu'on est souvent obligé de le travailler vert.

Enfin c'est l'arbre à l'odeur empyreumatique, qui donne la santé. Il se plaît dans les lieux profonds et humides. Il assainit les marais et en chasse la fièvre.

Ce sera donc l'arbre des villages de création récente, l'arbre des défrichements, l'arbre des colonies nouvelles. Ce sera bientôt l'arbre algérien.

Aux insurrections nous opposerons la colonisation.

Au déboisement et à l'incendie, nous opposerons l'eucalyptus (*).

(*) Pour comprendre comment nous pouvons opposer aux incendies un arbre qui après tout est combustible comme tous les arbres, il faut remarquer que la culture nécessaire à l'eucalyptus le met à l'abri du feu pendant les trois premières années.

Il demande en effet à être planté en lignes et pioché comme la vigne. Au bout de trois ans il est assez grand pour étouffer toute végétation autour de lui, et comme il se dépouille successivement de ses branches inférieures à mesure qu'il s'élève, on ne comprend pas bien comment il pourrait brûler.

Pour que les bois d'eucalyptus brûlent, il faudra beaucoup de bonne volonté de la part des incendiaires, et encore plus de négligence de la part des propriétaires,

CHAPITRE VIII

LES TREMBLEMENTS DE TERRE

On ne s'attend pas à ce que je parle du tremblement de 1716 qui démolit à Alger un grand nombre de maisons, ni de celui de 1790 qui détruisit à peu près toute la ville d'Oran. Non plus que de la secousse de 1825 qui en 15 ou 20 secondes renversa toute la ville de Blida, et ensevelit sous ses décombres un grand nombre d'habitants ; non plus que de celle de 1846 qui lézarda l'église et les principales habitations de Philippeville. Nous remarquerons seulement par l'énumération de ces diverses localités qu'aucune des provinces de l'Algérie n'a échappé à ces désastres, et qu'elles sont toutes trois exposées à leur retour.

Fidèle à mon système de ne parler autant que possible que de ce que j'ai vu, j'arrive de suite au tremblement de terre de 1867, le plus récent. J'ai pu contempler immédiatement après la secousse les ruines qu'il laissait à Blida, Mouzaïaville, El-Affroun, Bou-Roumi, Ameur-el-Aïn, etc.

Dans ces quatre derniers villages j'ai trouvé toute la population sous la tente : des baraques en bois ne furent construites que plus tard.

A Mouzaïaville, sur soixante-quinze maisons, il n'y en avait plus une seule debout. A Bou-Roumi, même désastre. A El-Affroun, sur plus de cent maisons, il en restait une. Après un bombardement, il reste bien quelque pan de mur debout : tout n'est jamais jeté à terre. Mais ici le cataclysme était complet : quatre grands villages avaient été littéralement rasés.

L'église de Mouzaïaville se tenait cependant encore à peu près sur ses piliers, mais dans quel état ! Le cadran de son horloge subsistait intact au centre d'une rosace affreusement disloquée, mais il marquait toujours sept heures quinze minutes, l'heure fatale. Le toit effondré jonchant la nef de ses débris, les contreforts, en pierre de taille rose, démantibulés dans tous les sens, les murs lézardés du haut en bas, penchant excessivement, les vitraux brisés, les portes descellées et branlantes, présentaient un spectacle d'une tristesse morne qui serrait le cœur.

C'est qu'il n'y avait pas eu seulement des dégâts matériels. Les pertes d'argent sont réparables ; elles s'oublient. Mais on pleurait les morts.

La secousse se produisant le 2 janvier à sept heures du matin, avait trouvé dans leurs maisons un grand nombre d'habitants. Au seul village de Bou-Roumi elle a écrasé quatre enfants couchés dans leurs lits.

Les colons d'Ameur-el-Aïn ont eu trois morts, ceux d'El-Affroun douze. A Mouzaïaville on comptait, gisant dans la boue pendant toute la journée du 2 janvier, une rangée de quarante cadavres. Près de là se trouvaient étendus, exposés sans abri à une pluie torrentielle, un grand nombre de blessés.

Assurément cette centaine de morts paraîtra peu de chose auprès des milliers de victimes produites par le dernier tremblement de terre de l'Amérique du Sud, celui de 1868.

Là c'était bien autre chose. Dans ces contrées, la Providence n'y va pas de main morte, elle fait les choses en grand. La secousse américaine se propageant sur une étendue de six cent lieues, a englouti un nombre considérable de villes, si bien qu'on évalue les pertes à un milliard et demi de francs, et le chiffre des morts à trente mille.

Les soubresauts capricieux auxquels se livre la partie de l'écorce planétaire où nous sommes fixés sont par bonheur moins violents, et nous dormons plus tranquilles que les habitants de la chaîne des Andes.

Néanmoins, les tremblements de terre ont des inconvénients, même pour ceux qui ne reçoivent pas les toits de leurs maisons sur la tête. Il faut refaire des pans de mur lézardés, recreuser des puits dont l'eau se trouve subitement tarie. Il faut bâtir d'aplomb et ne pas bâtir trop haut.

Pendant tout le cours de l'année 1867, les esprits étaient frappés en Algérie, et on ne rêvait que tremblements de terre partout. On en avait tellement parlé, que les imaginations en étaient affolées. Dans la ville de Blida, qui a été, il est vrai, très-éprouvée, dont les maisons vigoureusement secouées ont dû subir des réparations considérables, mais qui n'a pas eu un seul mort, voilà un beau jour tous les habitants d'une rue sortant subitement de leurs maisons et prêts à s'enfuir dans la campagne. On entendait un roulement sourd semblable à celui qui avait précédé la secousse du 2 janvier.... Qu'était-ce ? Le bruit produit par un portefaix arabe traînant au galop une grande armoire sur une petite charrette.

Il ne faut pas trop s'étonner de ces paniques, car au 2 janvier même les plus braves ont eu peur.

Toute la ville d'Alger était sur pied. Les uns s'embarquaient dans des canots, les autres se réfugiaient sur les places, dans les jardins, partout où ils croyaient éviter la chute des trois ou quatre étages de leurs maisons. Il a régné pendant quelques heures une confusion inexprimable, qui s'est apaisée peu à peu lorsqu'on a pu constater que les dégâts étaient insignifiants et les accidents nuls.

Parlez aux colons algériens du tremblement de terre, et vous verrez abonder aussitôt les descriptions, foisonner les récits pittoresques.

L'un, parlant de la place d'Armes de Blida au moment de la secousse, vous dira que les platanes s'entrechoquaient comme des gens ivres, et que la place se soulevait par le milieu comme le ventre d'un grand animal.

L'autre vous racontera que prêt à tomber il voulait s'appuyer contre un arbre, mais que l'arbre, fuyant son étreinte, lui a échappé.

Enfin une impression dont on m'a fait part et que je ne veux pas oublier de rapporter, est celle d'un homme parti de Mouzaïaville à cheval, à six heures du matin, le 2 janvier. Il rentre au galop à sept heures et demie. Il n'avait pas ressenti la secousse, les mouvements du sol s'étant probablement confondus avec ceux de la bête qui le portait....

Quelle n'est pas sa stupéfaction, ignorant la cause du désastre, de se trouver en face de l'effet, et de ne plus rien apercevoir du village qu'il vient de quitter il y a une heure ?

Un instant il s'est cru fou, et il y avait en effet un peu de quoi le devenir.

Quoi qu'il en soit, nous ne pensons plus aujourd'hui aux tremblements de terre.

Les quatre villages sont reconstruits tout à neuf. Leurs maisons de briques sont un peu plus basses, mais beaucoup plus élégantes que les anciennes bâtisses grossièrement composées des cailloux roulés de la rivière voisine. L'Etat à remboursé aux colons les frais de cette reconstruction, et je ne crois pas qu'il manque maintenant une seule maison.

Personne ne s'est découragé, personne n'est parti.

Exactement comme pour les villages du pied du
Vésuve détruits par les éruptions, on a rebâti à la
même place. Les Maures de Blida avaient agi de
même après le tremblement de terre de 1825. Fai-
tes-vous montrer à un kilomètre de Blida l'enceinte
de « la nouvelle Blida, » enceinte restée sans habitants, et dont les murs s'écroulent chaque jour un
peu davantage. Aussitôt après l'accident, les Bli-
déens avaient eu l'idée de refaire là une ville nouvelle, mais ils n'ont pas tardé à se raviser. Ils ont
déblayé les décombres de l'ancienne et sont revenus
s'y réinstaller.

Est-ce routine ?

Est-ce constance ?

L'un est souvent bien près de l'autre, et c'est
peut-être tous les deux à la fois.

Où en serions-nous bien souvent si la routine,
la bienheureuse et facile routine, ne venait pas en
aide à la difficile constance ?

CHAPITRE IX

LES SAUTERELLES

Pour décrire les sauterelles, je me bornerai à transcrire une lettre que j'adressais au *Journal des Colons*, immédiatement après leur passage. Ce sont des impressions toutes fraîches qui vaudront mieux pour le lecteur que les meilleures compilations rédigées après coup.

De la ferme, le 20 avril 1866.

Nous étions gais et tranquilles il y a huit jours. Dans l'intervalle de nos travaux nous allions voir les blés qui commençaient à fleurir, nous les caressions du regard, nous espérions une récolte abondante qui nous récompenserait de nos efforts. L'année étant sèche, nous avons ensemencé un peu tard, et cependant tout s'annonçait bien. Nous croyions déjà tenir les épis sur l'aire et être délivrés de tout souci.

La fatalité ne l'a pas voulu. Les sauterelles ont tout envahi, tout ravagé, tout détruit. C'est un désastre effrayant.

Elles ont commencé à paraître il y a six jours. Pendant cinq jours entiers, du matin jusqu'au soir, elles ont défilé par nuées immenses, tantôt à de grandes hauteurs, tantôt ras de terre. Aujourd'hui seulement, grâce à des brouillards qui se sont élevés de la mer, elle n'arrivent plus. Peut-être allons-nous en être délivrés ? Peut-être n'est-ce qu'un moment de répit qu'elles nous laissent ?

Nous avions d'ailleurs grand besoin de repos :
nous sommes affaissés par la fatigue physique.
Pour mon compte, voici cinq jours que j'ai passés,
depuis le matin jusqu'au soir, à frapper sur le dos
d'une faux en circulant au pas de course dans les
champs. Nous en avons tous fait autant, hommes,
femmes et enfants.

Le premier jour, ce n'était encore rien. On était
un peu surpris, mais on se remettait bien vite. On
pensait que c'était quelque chose comme le vent
meurtrier du désert, un siroco vivant, qui voulait
sa part comme l'autre, et on acceptait cela. La résistance s'organisait, les battues commençaient : on
se promettait de défendre efficacement les biens de
la terre contre l'ennemi commun. Il y avait de la
vigueur et de l'entrain ; on ne désespérait de rien.

Le second et le troisième jour, l'invasion conti-
nuait de plus belle. Des zouaves nous aidaient;
nous marchions au son du tambour, déployés sur
de grandes lignes, criant, vociférant, faisant tout
le vacarme imaginable; mais déjà nous deve-
nions tristes. Plus d'un regardait en passant son
champ de blé, dont tous les épis disparaissaient
successivement, et il se demandait à quoi servaient
tant d'allées et de venues, s'il était écrit que tout
devait être dévoré ! Ne valait-il pas mieux s'asseoir, regarder passer ce fléau, et attendre sans
fatigue que le désastre s'accomplît ?

Hier et avant-hier, c'était pis encore : les sauterelles redoublaient de furie, et nous ne savions
plus que faire. Le plus grand nombre d'entre nous
avait abandonné tout espoir de sauver même la
paille de sa récolte. Les battues générales ces-
saient ; on n'y croyait plus. Quelques-uns rentraient
dans le village et allaient s'asseoir sur le seuil de
leurs maisons, mornes, l'œil hagard, perdus dans

la contemplation intérieure de leur malheur. Les autres, accablés et vacillants, s'acharnaient quand même à combattre ce combat inégal. Ils allaient et venaient, errants comme des ombres, à travers leurs champs dévastés. A quoi ils pensaient, et s'ils pensaient, c'est ce qu'on ne pourra jamais dire.

J'ai vu un vieillard qui avait ensemencé avec son petit-fils un demi-hectare de blé, et qui comptait trouver là du pain pour passer l'année : c'était tout son avoir. Il venait regarder son champ ! Le fléau avait rongé jusqu'au chaume ; on ne distinguait plus que la terre rouge, nue, dépouillée comme après le passage du feu.

Le pauvre vieux n'en allait pas moins, le regard fixe, les jambes tremblantes, traversant son demi-hectare de long en large, agitant une sonnette. Il n'y avait plus de sauterelles : elles n'avaient rien laissé. Et cependant il marchait toujours, abîmé dans la douleur, ne sachant ce qu'il faisait.

J'ai passé près de lui, il ne m'a pas vu.

C'est une chose triste, je vous assure, pour le cultivateur. Que va-t-il rester pour payer les dettes, pour échapper à l'expropriation ? Jour par jour, heure par heure, le travail d'une année, et parfois le travail d'une vie entière, s'anéantit. hier encore il vous restait la moitié de la récolte ; aujourdui vous n'en avez plus que le quart, demain le cinquième, après-demain plus rien. Vous êtes assassiné en détail, vous mourez à petit feu.

Et vous ne pouvez pas opposer de résistance sérieuse. Vous vous agitez, et c'est en vain. La destinée s'accomplit. La nuée passe comme un tourbillon de neige ; elle passe sans cesse grossissante, innombrable, incessante. Elle se rit de vos efforts impuissants. Vous avez beau avoir pour vous la force, l'intelligence, l'énergie, la volonté. Elle a le nombre, et elle vous écrase, insaisissable.

J'ai entendu un soldat dire qu'il aimerait mieux avoir à combattre tout autre ennemi que celui-là ; et ce soldat avait raison. Ce n'est rien que d'avoir en face de soi des hommes ou des bêtes sauvages, on peut se défendre ; on n'a pas affaire à des fantômes vivants qu'on ne sait comment atteindre. Ici vous êtes désarmé, vous êtes impuissant, vous sentez plus que jamais toute la faiblesse humaine.

La ville ne comprendra jamais tout ce que les colons ont perdu en quelques jours. Elle ne pourra pas s'en faire l'idée. Tous ces champs ravagés, il faut le dire et le redire, c'est notre pain qui s'en est allé. Nous serons sans ressources, car il paraît que le mal est partout, dans le pays entier. Nous n'avons pas seulement perdu la récolte d'une année, mais notre avenir est gravement compromis.

Le travail manquera au journalier, car la moisson va se trouver faite sans moissonneurs dans la plupart de nos champs.

Les fermages ne seront pas payés.

La semence manquera pour l'année qui vient.

La farine fera défaut au colon jusqu'au mois de juillet de l'année prochaine, etc., etc.

Il est impossible de calculer, dès à présent, combien de ruines et d'expropriations vont s'en suivre.

Dans dix ans on se ressentira encore dans nos villages de l'année 1866, de l'année des sauterelles !

Ici finissait ma lettre. Elle ne parle que des mères-sauterelles. Mais, après elles, de leurs œufs déposés dans toute la contrée sont éclos un mois plus tard les petits criquets, et cette nouvelle engeance nous a causé des dommages presque aussi considérables que la première invasion.

Les criquets ne sont venus qu'en juillet, et notre

maigre moisson était faite ; mais les champs de
tabac et les vignes ont disparu devant leur féroce
appétit. En une heure on a vu des vergers dévastés.
Des fruits il ne laissaient que les noyaux. Abrico-
tiers, figuiers, orangers, peupliers n'avaient bientôt plus ni feuilles, ni écorce.

Les criquets n'ont pas d'ailes comme les mères,
mais ils ont des jambes excellentes et ne connaissent que trop la manière de s'en servir. Comme le
Juif-Errant, ils marchent, ils marchent sans jamais
s'arrêter. Ils vont tout le jour, ne se reposant que la
nuit, mangeant en marchant, ou marchant en mangeant, comme l'on voudra. Ils s'avancent par rangs
pressés, en bon ordre de bataille. Rencontrent-ils
des arbres, des buissons, des vignes ? Ils s'y accu-
mulent. Une maison ? Ils passent par dessus... ceci
est à la lettre.

Grimpant le long du mur, avec une agilité sur-
prenante, ils montent sur le toit, passent entre les
tuiles, et viennent jusque dans les chambres dévorer les tapis et les rideaux.

Un fossé plein d'eau ? Ils le franchissent à la na-
ge et continuent leur course sur l'autre bord sans
sourciller.

Des poètes — car nous en avons quelques-uns
en Algérie — ont prétendu qu'en pareil cas l'avant-
garde remplissait le fossé de ses cadavres et que le
reste de la colonne passait ensuite imperturbable
sur ce pont improvisé. La chose, hélas ! n'est pas
vraie. Je le regrette, car elle rappellerait heureu-
sement la belle page des *Misérables*, où Victor Hugo
nous montre les cuirassiers de Waterloo comblant
héroïquement un ravin de leurs corps et des corps
de leurs chevaux.

Mais après tout, pourquoi nous montrer si réa-
listes ? Le récit de Victor Hugo n'est peut-être pas

beaucoup plus authentique. Ne soyons pas si revê-
ches, et laissons chacun chercher sa poésie où il la
trouve. Que deviendrait la poésie, et même que res-
terait-il de l'histoire sans le mensonge ?

Ce qui est peu poétique, mais parfaitement exact,
c'est que les criquets se dévorent entre eux, tout
comme des créatures raisonnables, exactement
comme des hommes. Par esprit de discipline ou
par amour de l'ordre, dès que l'un d'entre eux
devient invalide, cinq ou six camarades s'empressent
autour de lui et le mangent.

Cette méthode pour exciter les retardataires et
supprimer les traînards a sans nul doute de grands
avantages. Elle a dans tous les cas celui de con-
tribuer efficacement à la nourriture d'une armée en
campagne, mais je la trouve cependant un peu sé-
vère et je n'oserais la proposer à l'adoption d'aucun
de nos ministres de la guerre.

Pour finir, donnons l'état officiel des pertes cau-
sées par les sauterelles en 1866.

Il s'élève à 19,652,981 francs, savoir :

13,868,337 fr. dans la province d'Alger.
3,343,151 —   —   d'Oran.
2,441,493 —   —   de Constantine.
(*Tableau de la situation de l'Algérie 1865–1866*,
page 225).

23 mai 1874. — Les sauterelles sont revenues pendant
qu'on imprimait cet ouvrage. Elles ont duré moins
longtemps qu'en 1866, et ont fait beaucoup moins de
mal. Non qu'elles fussent en plus petit nombre, mais
parce que le fourrage était fauché, et le blé déjà en
épis. Elles étaient au contraire si nombreuses que sur
la ligne du chemin de fer, entre Blidah et Milianah,
elles couvraient les rails et formaient en s'écrasant une
pâte glissante qui empêchait les locomotives d'avancer.
Les trains ont eu pendant quelques jours, entre Alger
et Oran, plusieurs heures de retard à cause de cela.

Telles ont été nos pertes. Ces chiffres prouvent que nos descriptions n'ont rien exagéré.

Les sauterelles ne reviennent, dit-on, que tous les vingt ans... C'est encore bien souvent !

CHAPITRE X

LA FAMINE

Le 20 septembre 1868.

Le spectacle que nous avons eu sous les yeux pendant tout l'hiver dernier m'a écœuré. De pareilles choses se racontent mal ; elles se sentent et restent gravés en traits ineffaçables dans la mémoire des témoins oculaires, à peu près comme ces cauchemars invraisemblables dont un malaise cérébral n'accuse que trop la réalité poignante. On a senti le mal, on le sent encore : le cœur est toujours serré d'angoisses, et cependant tout est vague et douloureusement incertain. On a vu sans regarder, on sait et on ne sait plus, on se souvient trop et on se souvient mal. Les détails de la scène apparaissent avec une vigueur si attachante, qu'ils font perdre de vue l'ensemble du tableau. — Il est presque impossible de décrire un cauchemar. Je me sens tout aussi incapable de raconter la famine.

D'ailleurs, si je vous dis que sous un climat semblable à celui de Nice, et assurément plus sain que celui de Paris, à côté des orangers et des bananiers en fleurs sur ces terres à blé d'une admirable fertilité, dans le pays enfin qui fut le grenier de Rome, nous venons de voir mourir (partie de la faim, partie du typhus) 217,000 Arabes en seize mois ! Si je vous dis cela, me croirez-vous ? Ne penserez-vous pas que j'exagère et que mes chiffres sont surfaits ?

Et cependant ces chiffres sont les chiffres officiels. En 1867, 89,000 morts ; en 1868, du 1er janvier au 1er mai, 128,000, soit plus de 1,000 personnes par jour. C'est le dixième de la population de l'Algérie qui, de l'aveu même de notre gouvernement général, a disparu.

Vous me croirez moins encore si j'ajoute que vous ne trouverez pas un seul colon algérien qui ne vous dise comme moi que ces évaluations sont trop faibles, et que la mortalité doit avoir été plus grande (*).

Du reste, à quoi bon discuter sur cette question de chiffres ? Il faut être plus généreux et accepter tels quels les renseignemements approximatifs donnés par un pouvoir qui, niant la famine jusqu'au dernier moment, préférait étouffer sous des poursuites judiciaires les nouvelles publiées par les journaux, plutôt que de se rendre à l'évidence et de reconnaître l'existence du mal. N'est-ce pas une réparation suffisante pour la cause de la vérité que de voir, six mois après, ce même pouvoir contraint de confesser son erreur, son impuissance et ses deux cent mille morts ?

Eh bien cependant, si invraisemblable que puisse paraître cette famine, ce n'est pas de l'histoire : c'est le fait divers de l'année courante, c'est l'anecdote d'aujourd'hui et celle de demain. Nous venons de la voir et de la toucher ; elle reviendra encore cet hiver.

Oui, nous avons eu, au milieu d'une végétation luxuriante, sous les rayons éclatants de cet éternel soleil qui égaie jusqu'à la sombre verdure des cyprès, le spectacle lugubre de hordes affamées en-

(*) Elle l'a été effectivement, car le recensement officiel de 1872 porte une diminution de 529,027 Arabes, soit le cinquième de la population indigène.

vahissant nos villes et nos villages. Elles dimi-
nuaient à mesure qu'elles marchaient, laissant à
chaque pas, sur les grandes routes, dans les chaumes, dans les broussailles, dans les vignes, dans
les ravins, au bord des sources, au seuil de nos
habitations, laissant partout des cadavres. Il est
bien vrai que tous n'ont pas péri par la faim.
L'administration a raison : le typhus a causé la
mort d'un grand nombre. Mais qui a causé le typhus, si ce n'est la faim ?

Combien avons-nous rencontré de ces convois
sordides que les soldats ramenaient de force sur le
sol aujourd'hui désert où campaient autrefois leurs
tribus ! Ces longues files de misérables formaient
une série de tableaux d'un pittoresque affreux,
intraduisible pour tout autre crayon que celui de
Callot.

Des femmes à peu près nues, aux mamelles ta-
ries, portant des enfants blêmes et recroquevillés.
Etait-ce déjà de petits cadavres ? Nul ne pourrait
le dire ; mais ils avaient déjà le *facies* de la mort.
Des vieillards n'ayant pour tout vêtement qu'un sac
mille fois troué, au travers duquel apparaissait leur
peau d'une teinte jaune étrange, semblable à du
parchemin.

De grands jeunes gens d'une maigreur spectrale,
avec de longues jambes grosses comme le bras
d'un petit enfant, avec des bras fluets d'où les
muscles avaient disparu, et qui faisaient penser
involontairement à des bâtons de chaises.

Et toutes ces figures hâves, d'une pâleur violette
à travers le hâle du soleil algérien, cette peau appliquée sur les pommettes, ces bouches rétrécies,
ce front ridé jusque chez les nouveaux-nés, ces
yeux.... ! Les yeux surtout faisaient froid au cœur.
Vitreux et fixes, cachés au fond d'orbites dont le

tissu cellulaire avait disparu, on sentait qu'ils n'a-
vaient plus la force de voir. Chez ces pauvres êtres,
la machine humaine, réduite à se consumer elle-
même, avait épuisé ses extrêmes ressources. Comme
Bernard de Palissy brûlant les restes de son mobilier pour entretenir la fournaise qui devait faire
éclore son idée, ils avaient tout respiré, tout brûlé
ce qui était en eux : graisse, muscles, tissus tégu-
mentaires, substance nerveuse, tout enfin, jusqu'à
ce que la dernière flamme de la vie s'éteignit avec
le dernier atome de combustible.

II

Ce qui m'a frappé le plus, et qui me confond encore d'étonnement quand j'y songe, c'est la rési-
gnation absolue des victimes de la faim. Bien que
je connaisse les Arabes depuis longtemps et que
rien ne soit plus conforme à leur caractère, je ne
peux pas encore me faire à cette idée qu'ils en
soient arrivés à un pareil état d'épuisement sans
songer à la révolte ou à l'assassinat. On ne se
laisse pas mourir avec une docilité pareille !

En les voyant se coucher au bord des routes, pour
rendre le dernier soupir, le *Chant du pain* de Pierre
Dupont me revenait à la mémoire :

« Que feront vos troupes réglées ?
« La faim donne à ses bataillons
« Des armes en plein champ volées.
« Aux prés, aux fermes, aux sillons :
« Fourches, pelles, faux et faucilles ;
« Dans la ville, au glas du tocsin,
« On voit jusqu'à des jeunes filles
« Sous le fusil broyer leur sein.

« On n'arrête pas le murmure
« Du peuple, quand il dit : j'ai faim !
« Car c'est le cri de la nature :
    « Il faut du pain ! »

Voilà notre famine, à nous. Et pour mon compte personnel, je déclare que si je n'avais pas mangé depuis seulement deux fois vingt-quatre heures, je saurais bien me procurer un pain de gré ou de force.

Les Arabes sont, il est vrai, dans un autre ordre d'idées que nous. Ils préfèrent s'étendre à terre et mourir ; souvent même, il faut bien l'avouer, hélas ! ils ont mieux aimé mourir que de gagner leur pain par un léger travail.

Croirait-on qu'avec cette famine horrible il n'y a eu en un an passé que seize cas bien constatés d'anthropophagie dans toute l'Algérie ? C'est le gouvernement qui le dit, et il est probable que le chiffre officiel n'est pas très-éloigné de la vérité.

Ainsi, on peut bien citer deux mères qui ont tué leurs filles, et ont mis leur chair dans le sel pour la conserver ; mais en général il y a eu peu d'assassinats. L'épuisement où les Arabes s'étaient laissés acculer ne leur permettait plus d'attaquer à main armée. Les vols ont été plus fréquents, mais c'était presque toujours des soustractions d'aliments : du pain, des poules, du grain, des fruits, etc. A Blida, un malheureux dérobe l'huile d'un reverbère pour la manger. Ailleurs on vole pour les dévorer des mulets, des chameaux, des ânes, des chiens, et jusqu'à des porcs (fait inouï de la part de musulmans !) Mais, en somme, il est arrivé beaucoup plus souvent aux victimes du fléau de s'abandonner à la mort n'ayant dans l'estomac que des débris de glands, des chardons, des chrysanthèmes, du crottin de cheval, des pelotes de terre glaise, des ordures de toute sorte. On voit avec quelle singulière apathie ces malheureux ont attendu la fin de leurs souffrances *.

Il s'est trouvé cependant un aimable diseur de riens, un sous-préfet poète, l'auteur du *Livre des Blondes*, pour admirer ce fatalisme abruti. Parlant de la famine algérienne, il dit :

« Les anciens prenaient comme une punition « des dieux ces horribles désastres, ces hécatom- « bes qui détruisent parfois une population en- « tière. Les modernes ont trouvé plus commode d'en « accuser le gouvernement. »

Eh oui, monsieur le sous-préfet, ces terribles « modernes » commencent à délaisser les mœurs patriarcales. Quand ils souffrent, ils cherchent où le bât les blesse, et si la douleur devient insuppor- table, ils refusent tout service, et sans plus de cé- rémonie, jettent leur charge à terre.

---

* Plaignez le cannibale et ne l'injuriez pas, vous autres civilisés qui mangez de la viande saignante, et qui massacrez tous les jours des millions de vos sembla- bles pour des motifs moins plausibles que la faim. Pour moi, je ne crains pas d'affirmer que de toutes les guerres que les hommes se font, celle où l'on se mange est la plus rationnelle. J'excuse tous les coupables qui ont faim, parce que la première loi pour tous les êtres est de vivre, et qu'il est naturel qu'un homme tue son semblable et le mange quand il n'a pas autre chose à se mettre sous la dent.... Le mal, en effet, n'est pas tant de faire rôtir son ennemi quand il est mort, que de le tuer quand il ne veut pas mourir.

Où il y a crime impardonnable, folie furieuse poussée jusqu'à la septième puissance, c'est dans la guerre à coups de canon que se font entre eux les peuples civilisés comme les Anglais, les Français, les Prussiens, les Russes qui n'ont pas faim les uns des autres et qui se battent pour la gloire de leurs maîtres. (Toussenel. *Esprit des bêtes.)*

Après tout, le chameau, cet animal doux et patient qui trouve son analogue humain dans le philosophe, agit-il autrement ? Nous suivons son exemple subversif, et, comme lui, nous aimons mieux remonter à l'origine du mal que « d'accepter des dieux » une manière de pensum mythologique plus ou moins mérité.

Nous faisons mieux encore que de remédier au mal, nous ne laissons pas le fléau se produire chez nous. Nous le prévenons par la prévoyance et l'esprit de solidarité.

En èffet, la famine n'a pas existé pour les Européens ; elle n'a existé que pour les Arabes. Nous sommes cependant sous le même ciel, nous avons comme eux souffert des sauterelles et de la sécheresse ; nous cultivons les mêmes terres. Et même nous occupons (en comptant les Kabyles avec nous) une surface sept ou huit fois plus restreinte que celle sur laquelle ils sont campés. Si nous ne parlons que des colons européens, la proportion est encore plus faible, car ils ne possèdent que 800,000 hectares sur 14 millions, soit moins de la vingtième partie du territoire.

Or, non-seulement aucun Européen, aucun Kabyle n'est mort de faim, mais nous avons encore pu donner des secours, bien insuffisants, hélas ! aux malheureux qui se pressaient autour de nos fermes et de nos villages.

Tandis qu'au Maroc et en Tunisie, des tribus entières mouraient sans secours et que la terre se jonchait de cadavres amoncelés, les indigènes trouvaient en Algérie l'appui de la race française qui, par des souscriptions, des dons en nature, des distributions de vivres et de vêtements, atténuait un peu la rigueur du mal. Disons à l'éloge des Français de France qu'ils nous ont aussi envoyé de l'argent. C'est ainsi que j'ai distribué du mieux que j'ai pu quelques secours qui m'ont été adressés par des « coopératrices » de Rouen.

Mais comme nous sentions bien l'impuissance de la charité en face d'un pareil désastre ! Qu'était-ce que nos dons de vivres et d'argent ? Qu'était-ce même que les centaines de mille francs votés par le Corps législatif ? Un palliatif sans portée, une goutte d'eau dans la mer. — Dès longtemps nous savions que le remède aux misères sociales n'est pas dans la charité : nous en avons eu là une preuve nouvelle !

Si les Européens et les Kabyles n'ont pas souffert de la famine, c'est que chacune de ces races se trouve dans des conditions d'existence autres que la race arabe. Pour ne parler que des Kabyles, ils ont des institutions démocratiques. Chacun de leurs villages forme une petite république se gouvernant elle-même, et ces villages constituent entre eux des confédérations libres. Le Kabyle est propriétaire. Il a son champ, ses oliviers, ses figuiers et sa maison. Il laboure, sème et récolte pour lui, non pour le seigneur de grande tente, non pour le chef.

L'Arabe n'a rien de tout cela. Il est soumis au pouvoir discrétionnaire d'un caïd contrôlé plus ou moins efficacement par un chef de bureau arabe. Dans son territoire, la propriété n'existe qu'à l'état d'exception. La tribu possède les terres en commun : or, la tribu, c'est le caïd. Le pauvre Arabe n'a donc en réalité rien à lui... Et alors, pourquoi travaillerait-il ? Pourquoi ferait-il des réserves de grain ? Pour enrichir ses maîtres ?

Disons à la décharge de la France que ses agents n'ont pas créé cet état de choses. Quand nous sommes arrivés, il existait depuis des siècles. Mais

nous avons pu constater en même temps ses fu-
nestes effets. Un pays plus riche que l'Espagne et
aussi fertile que l'Italie s'est changé en un steppe
immense couvert de broussailles.

Il n'y est plus resté que des hordes de barbares
se couchant au soleil, et professant un profond
mépris pour le travail. Aussi la famine qui a sévi
cet hiver, et qui va recommencer l'hiver prochain,
n'est-elle pas un fait isolé. On peut dire qu'elle
est à l'état endémique chez les Arabes ; presque
tous les hivers les pauvres *krammès* ne mangent
que de l'herbe pendant trois ou quatre mois.

III

En présence de tels désastres, en face d'une
pareille situation, le *statu quo* dans l'administration des Arabes est-il possible! Qui oserait le con-
seiller? Peut-on fermer les yeux, se boucher les
oreilles et déclarer qu'il n'y a rien à faire ?

Notre sentiment s'y refuse. Nous ne pouvons pas
laisser mourir tout un peuple sans essayer de le
sauver. Ce sont des enfants qui nous sont confiés.
Nous leur devons assistance, car nous en sommes
les frères aînés et pour ainsi dire les tuteurs.

Et avant tout nous devons supprimer partout les
détestables impôts sur le bétail et sur le grain
(*achour* et *zekkat*) que les Turcs nous ont laissés,
et que le régime militaire s'obstine à vouloir main-
tenir. Nous avons dit ailleurs et nous redisons ici
que ce sont des impôts meurtriers, des impôts de
famine.

En outre nous ne pouvons pas perdre de vue que

les indigènes de l'Algérie ont le droit d'être amenés
progressivement à jouir des mêmes institutions et
des mêmes garanties que nous. S'ils ne sont pas
encore en état de les supporter, ils apprendront par
l'usage à s'en rendre dignes.

Il ne s'agit pas de leur faire nommer nos députés. Ce serait absurde. Telle ne peut être ma pensée, car il faut d'abord leur apprendre à lire, avant
d'en faire des électeurs.

Mais, au moins, qu'on nous laisse leur apprendre ce que nous savons. Amenons-les peu à peu
à mériter d'être nos égaux. Et que faut-il pour
cela ?

Il suffit que la colonisation européenne, pénétrant
la masse compacte du pays arabe, permette aux
indigènes de profiter de notre exemple et de suivre
nos conseils ! Comment veut-on qu'ils nous imitent,
qu'ils prennent nos mœurs et se plient à notre
civilisation, s'ils ne peuvent pas se mettre en contact permanent et journalier avec nous ?

Il faut donc agir et se hâter, car le temps presse.

Les statistiques dressées avant 1868-69, c'est-à-
dire avant la famine, accusent une décroissance rapide de la population arabe. D'ici à deux cents ans,
si cela continue, par l'excédant des décès sur les
naissances, il n'y aura plus un seul Arabe en Algérie. Et nous répétons que ces statistiques sont an-
térieures au fléau qui vient d'enlever, en seize mois,
le dixième de la population. C'est effrayant, et il
est sérieusement à craindre que nos remèdes n'arrivent trop tard.

Je sais bien qu'en revanche les Européens s'ac-
commodent admirablement du climat, et que les pré-
visions sinistres émises à l'origine de la conquête
sont démenties par les faits. Les documents authen-
tiques constatent, en effet, que le nombre des co-

lons ne s'est accru, depuis huit ou dix ans, que
grâce à l'excédant des naissances sur les décès.
L'immigration n'a été dans cet accroîssement que
pour peu de chose.

Nous pouvons donc être rassurés sur l'avenir de
notre grande colonie d'Afrique. Elle ne périra pas
faute d'habitants. Nous sommes là pour combler les
vides, et la population européenne aura bientôt fait
de remplacer les Arabes qui viennent de mourir.

Toutefois, est-ce une raison pour étouffer la voix
de l'humanité? Est-ce une raison pour ne pas s'occuper de prévenir le retour d'une calamité qui dé-
shonore les maîtres de ce pays?

Meng-Tseu, un des disciples de Confucius, re-
prochait à l'empereur de Chine de laisser ses chiens
et ses pourceaux dévorer la nourriture du peuple,
quand celui-ci mourait de faim sur les routes, et
de se contenter de répondre :

— Ce n'est pas ma faute, c'est celle de la stérilité de la terre.

— Prince, lui dit-il, trouvez-vous qu'il y ait quelque différence entre celui qui tue avec une épée
et celui qui tue par une mauvaise administration ?

— Non.

— Eh bien! vos cuisines regorgent de viandes,
vos haras sont remplis de chevaux, et vos sujets,
le teint pâle, les membres décharnés, sont accablés
de misère et meurent de faim dans les champs.
N'est-ce pas là élever des animaux pour dévorer
les hommes? Et qu'importe que vous les fassiez
périr par le glaive ou l'abandon? Quel père du
peuple que celui qui traite aussi impitoyablement
ses enfants et qui a moins soin d'eux que des bêtes
qu'il nourrit.

CHAPITRE XI

L'INSURRECTION

Zaouïa de Tefschoun, le 27 juillet 1871.

Il y a deux mois, lors de l'insurrection kabyle, je me suis rendu à l'Alma à la recherche d'émotions militaires qui m'ont d'ailleurs absolument fait défaut. On ne s'est point battu pendant les vingt-quatre heures de mon séjour. Mais j'ai rapporté de cette course une concordance absolue de renseignements sur le point qu'il m'importait le plus d'éclaircir. A savoir, que nulle part on n'avait pris de précautions, et que partout on avait été enveloppé comme par un coup de foudre.

Aussi, lorsque l'*Akhbar* relevait l'autre jour avec étonnement la note officielle annonçant, à la date du 5 juillet, que le district de Miliana était tranquille, et que dans le district de Cherchell « *l'état des esprits était satisfaisant,* » me suis-je étonné de l'étonnement de l'*Akhbar*. Est-ce que cela se passe jamais autrement ? Pensiez-vous donc avec simplicité que la police se faisait dans les tribus ?

Quoi qu'il en soit, je n'ai pas eu besoin cette fois d'aller jusqu'à l'Alma pour trouver l'insurrection. Les insurgés sont encore à six lieues de la ferme, et nous avons été menacés d'une insurrection à domicile. Il est vrai que nous ne l'avons pas été longtemps, car les soldats sont arrivés hier de notre côté, et pour nous, maintenant, c'est une affaire finie. Nous allons replacer les fusils au ratelier, et nous mettre sur le pied de paix.

Franchement, j'aime mieux cela. Mais il était temps.

Tous les soirs, nous regardions cette grosse montagne du Chenoua, parsemée de feux rougeâtres depuis la base jusqu'au sommet et fumant comme une gigantesque charbonnière.

Au pied du Chenoua scintillait, faisant contraste, la flamme verte et placide du phare de Tipaza. On s'attendait de jour en jour à voir bloquer ce village par les Kabyles révoltés, et après ce devait être notre tour.

Or, les fermes des environs de Cherchell et Zurich, réduites en cendres, et les colons assassinés, nous ont appris ce que deviennent en pareille occurrence les habitants des fermes isolées.

Nous avons donc vécu pendant huit jours avec la perspective d'être coupés en petits morceaux et brûlés par-dessus le marché.

Nous nous gardions soigneusement, et nous nous étions bien promis de résister à outrance, de faire ce qu'on appelle une belle défense. Nous aurions mis à contribution tous les projectiles imaginables, depuis les balles jusqu'au plomb à perdrix, et nous étions décidés à soutenir un siége que nous eûssions rendu aussi héroïque que possible. Nous attendions les assaillants de pied ferme, et avec l'invariable dessein de ne subir aucune espèce de capitulation....

Tant de gloire nous est refusée ! Les troupes sont là, qui vont moissonner tous nos lauriers, et nous ne pourrons pas léguer à l'histoire une belle page de plus. Le drame n'aura pas lieu, et par suite le fameux cinquième acte où nous devions être coupés en petits morceaux ne sera pas représenté.

C'est presque dommage.

Quel spectacle intéressant nos assiégeants nous

eussent donné ! Nous passions là entre deux dé-
charges de coups de fusil, une revue unique en
son genre. En face de nous, il n'y avait en qualité d'ennemis que des amis et connaissances.
Voulez-vous que je vous les présente ?

Le premier, qui a la peau un peu noire et qui
ressemble à un singe, c'est Mohammed ben Moha-
med, le berger que nous avions guéri de la jau-
nisse, et qui nous a « égaré » deux vaches.

A côté de lui, le grave et solennel Larabi qui
nous a volé un sac de pommes de terre il y a trois
ans, et qui a été déjà deux fois en prison malgré
toute son innocence. Parlez lui de ces incidents, et
il vous répond avec un sang-froid parfait que les
« gendarmes sont fous. »

Un peu derrière, c'est le petit Kouïder, un enfant de quatorze ans, atteint de syphilis constitu-
tionnelle à peu près incurable. Cependant il n'en
mourra pas, grâce à l'iodure de potassium.

Puis, se sont embusqués tout autour de la ferme
nos cinq voleurs de blé qui, l'an passé, ont été en
prison préventive à Blida, et qu'on a dû relâcher
parce que tous les cinq portaient les uns contre les
autres des faux témoignages si invraisemblables,
à ce point embrouillés, et tellement contradictoires,
que les juges y ont perdu leur latin.

Enfin celui qui tire si juste qu'il finira par nous
envoyer une balle à travers les créneaux, c'est Mi-
loud le chasseur, auquel nous avons quelquefois
donné des charges de poudre en échange des perdrix qu'il nous apportait. Le brigand nous punit
de notre imprudence, et nous renvoie notre poudre
à la figure. J'avoue que c'est bien fait et que nous
l'avons mérité.

Ils sont là tous. Pas un ne manque à l'appel,
pas un ne veut perdre une si belle occasion de se

venger.... De quoi se venger ? Du mal qu'ils nous
font, et du bien que nous leur faisons. C'est tout
simple, et les chrétiens eux-mêmes n'ont souvent
pas d'autre manière d'entendre la reconnais-
sance.

Vous riez de nos misères, vous autres gens de la
ville. Vous riez volontiers comme un bon gendarme de ma connaissance, auquel il faut pardonner
ce mot cruel à propos des événements de Zurich
et Cherchell.

— Bah ! ce sont quelques débitants d'absinthe
qui ont peur des Arabes.

Et vous vous consoleriez bientôt, en ajoutant :

— Après tout, ce n'est rien. On sera quitte pour
évacuer un ou deux villages et quelques fermes....

Vous en parlez fort à votre aise, messeigneurs.
Vous trouvez que ce n'est rien que d'évacuer des
fermes ! On voit bien que vous n'en avez pas.

Vous dites qu'on nous remboursera le dommage,
et qu'il y a pour cela une commission d'indemni-
tés dont M. Warnier est le président. Mais êtes-
vous bien sûrs de pouvoir me rembourser tout ce
que j'aurai perdu ? Me rendrez-vous les mêmes
bœufs, les mêmes chevaux, les mêmes arbres ? Me
restituerez-vous enfin les années que je viens de
consacrer à créer une exploitation détruite en quelques heures ?

Et ce n'est pas tout. Reste encore la question de
« charcuterie. » Quand nous serons, mon père, ma
femme et moi, hachés comme de la chair à sau-
cisse, ou réduits à l'état de lardons plus ou moins
mal fumés par ces maladroits d'indigènes, qu'est-ce
que vous nous paierez bien pour cela ?

Oh ! je sais que mon confrère, M. Alliot, du *Mo-
niteur de l'Algérie*, nous fera une belle oraison fu-
nèbre, qu'il dira que j'étais un homme estimable,

et qu'il me découvrira, une fois que je serai mort, une foule de vertus dont je ne m'aperçois pas encore de mon vivant. Sans doute, c'est une fiche de consolation, mais elle est bien mince, et il n'en faudra pas moins attendre le jour du jugement dernier pour ressusciter en chair et en os. Or, cela peut être long.

Evacuer les fermes ! mais c'est la plus honteuse défaite que la France puisse subir en Algérie ! Les villages et les fermes constituent le seul mode d'occupation qui ait chance de succès et de durée dans ce pays. Voyez la radicale impuissance de l'occupation militaire pure et simple ! Est-ce assez clair maintenant ? On a beau dire, tôt ou tard la vérité finit par éclater au point de crever les yeux des moins clairvoyants.

Il n'y a donc plus que deux systèmes en présence, et il faut choisir.

L'ancien, qu'on a suivi jusqu'à présent et qui exige l'immobilisation en Algérie d'une armée de quatre-vingt mille hommes.

Le nouveau, qui consiste à prendre aux Arabes, par voie de séquestre ou d'expropriation, la moitié de leurs terres, et à installer partout des colons en grand nombre.

Croyez que cette nouvelle garnison vaut bien l'autre, et que si vous mettez en présence ces deux termes : Insurrection et Colonisation, le premier s'évanouira devant le second, comme le brouillard du matin aux rayons du soleil levant.

Il ne m'arrive pas assez souvent de faire l'éloge de l'administration pour que je ne me hâte pas de saisir aux cheveux l'occasion, hélas ! un peu chauve, de la louer sans restrictions.

A la suite de l'insurrection de 1871, deux bonnes choses ont été faites.

On a séquestré sur les terres des tribus insurgées, pour l'affecter à la colonisation : dans la province d'Alger, une surface de 84,542 hectares, et dans la province de Constantine une surface certainement plus considérable encore.

On a remboursé aux colons victimes de l'insurrection, sur le produit de la contribution de guerre, la *totalité* de leurs pertes. Pour la province d'Alger, 6 millions 798 mille francs, pour la province de Constantine, 12 millions 531 mille francs, soit plus de dix-neuf millions, qui ont été intégralement employés à rebâtir les fermes incendiées et à reconstituer sur place les exploitations détruites. Tout a été refait, et refait à neuf : il ne manque pas une maison, pas un hangar.

Ces renseignements datent du mois de mai 1874.

CHAPITRE XII

LE VILLAGE EN 1874. — RENAISSANCE

Dix ans se sont écoulés depuis que j'ai écrit le commencement de l'histoire de mon village, à partir de 1848 jusqu'en 1864.

Je viens de le relire et n'ai pas voulu y changer un mot. Tout cela est exact, d'une exactitude scrupuleuse, et ce que je n'ai pas vu moi-même m'a été raconté par des témoins oculaires, gens de Tefschoun comme moi.

« — Mais que peut nous faire, pensera plus d'un esprit chagrin, l'histoire de Tefschoun, depuis son origine jusqu'à nos jours? En quoi intéresse-t-elle le lecteur? Nous ne sommes pas de Tefschoun, et n'en voulons pas être. Parlez-nous des affaires générales et non de ses affaires particulières. Nous n'avons que faire de savoir ce qui s'est passé, ce qui se passe ou ce qui se passera dans votre petit hameau. Cela ne nous regarde pas!... »

Est-il possible, messieurs? en vérité, cela ne vous regarde pas? — Et quelles sont donc alors les choses qui ont le don de vous intéresser? Si je vous comprends bien, vous ne voulez voir les actions humaines que d'un point de vue élevé, et considérer les grandes masses seulement, dédaignant de vous appesantir sur les détails. Comme Obermann, vous vous plaisez à bien arranger le monde en prenant votre tasse de café. Vous êtes généralisateurs, et, en bons Français, tout ce qui occupe l'humanité vous occupe. Vous n'oubliez de penser qu'à une chose : à vos propres affaires.

Ce n'est pas moi qui vous reprocherai trop durement ce défaut : il prend sa source aux meilleurs sentiments de l'homme, il n'est que l'exagération de la grande idée d'amour et de solidarité universelle. Mais il faut en prendre et en laisser. Il est fort bien assurément de savoir ce qui se passe à la Nouvelle-Zélande, de prendre une part très-vive aux événements d'Atchin et d'avoir son opinion arrêtée sur la politique actuelle de la Russie sur la frontière chinoise ; mais cela ne suffit pas. Et surtout cela ne doit pas absorber notre attention au point de nous laisser nous ignorer nous-mêmes. Un bon vieux professeur de philosophie grec vous l'a dit il y a longtemps : « Connais-toi toi-même. » Ce vieux professeur devait avoir raison, puisque ses ennemis l'ont empoisonné, faute de pouvoir prouver qu'il avait tort.

On ne saurait trop redire cette parole à nos braves compatriotes, toujours occupés des autres et ne songeant jamais à eux-mêmes. Il faut se replier sur soi, et de temps à autre faire son examen de conscience. Il faut ne pas craindre d'entrer dans les détails : pour bien voir, on doit tout étudier jusqu'au fond. Au bout du compte, qu'est-ce qu'un détail ; n'est-ce pas un morceau de l'ensemble ? Et pouvez-vous vous flatter de posséder un tout, quand les parties vous manquent ?

J'ai raconté brièvement, trop brièvement peut-être, l'histoire d'un village de cinquante feux. Certes, c'est bien peu que l'histoire d'un village, mais c'est à peu de chose près celle de tous les autres villages algériens, celle de la colonisation algérienne. Et que dira-t-on tout à l'heure, si déjà l'on jette les hauts cris ? — A la fin du volume, je prétends bel et bien raconter l'*histoire d'un âne*, et vous la faire lire bon gré, mal gré.

Il n'y a pas de détails, je le répète encore une
fois. Et je reviens à mon village pour ne plus le
quitter.

Nous sommes aujourd'hui en 1874 et notre situation est bien meilleure qu'en 1864. Il y a eu de
grands changements !

Mon amour de la vérité m'empêche de dire que le
village est devenu beau. Ce serait une exagération,
mais peut-être oserais-je avancer qu'il s'est embelli,
c'est-à-dire qu'il est devenu moins laid. Ce pauvre
village a un vice de conformation dont il ne se cor-
rigera jamais. Le Génie militaire l'a placé entre
deux ravins dans une situation qui est peut-être
inexpugnable, mais qui est à coup sûr fort incom-
mode. Bâti sur une pente d'environ cinquante centimètres par mètre, il semble avoir été fait plutôt
pour des mouches ou des araignées que pour des
hommes, des bœufs, ou des chevaux. En effet,
les insectes réussiraient beaucoup mieux, grâce à
leurs six pattes, à se tenir debout sur de pareils
plans inclinés, que nous qui, d'après Platon, n'a-
vons que « deux pattes et pas de plumes. »

Les embellissements ont porté sur les maisons et
le jardinage. Il n'y avait pas de jardins à l'origine, pas un chou, pas un navet. Que faire sans
eau sous notre climat? Après quinze ou vingt ans
de réflexion, l'administration du Domaine, sans
toutefois se dessaisir du terrain, a autorisé les colons à défricher trois ou quatre hectares de broussailles au-dessous de la source qui donne à boire au
village. En quelques années il est sorti de là un
admirable jardin maraîcher, déjà planté çà et là
de bananiers, d'orangers, etc., mais surtout de salade et de choux. Il faut vivre d'abord, et pour
vivre il faut manger.

Les maisons qui tombaient en ruines, pour la

plupart, ont été réparées et blanchies. Il s'est fait
des caves, des hangars nouveaux. Quelqu'un a
même posé à l'entrée de sa cour une grille de fer....
monument indestructible d'une civilisation avancée.
On a planté plusieurs hectares de vigne et des arbres par-ci, par-là. Tout un côté du village est
abrité par une rangée d'eucalyptus, dont les cîmes
toujours vertes, assez semblables à celles de nos
peupliers d'Europe, atteignent déjà, au bout de
quatre ans, sept ou huit mètres de hauteur.

Il se produit insensiblement un nouveau classement dans les propriétés. Comme il arrive presque
toujours, elles finissent par tomber aux mains de
ceux qui sont le mieux en état de les utiliser, c'est-
à-dire qu'elles retournent aux habitants du village
instruits par l'expérience et bien résolus à vivre et
mourir ici. Les gens d'Alger ou d'ailleurs reven-
dent peu à peu ces terres dont ils n'avaient fait
l'acquisition que malgré eux pour ne pas perdre
leur placement sur hypothèque. Plus d'un fils de
colon a racheté déjà la concession vendue par son
père, et ce mouvement ne fait que s'accentuer
chaque jour.

Aussi, l'hectare de terre défriché qui ne valait
tout au plus que 200 francs il y a quelques années,
en vaut-il déjà plus de 300 aujourd'hui. Dans dix
ans, ce sera bien autre chose. Tout fait prévoir dès
aujourd'hui qu'alors on paiera, comme en Europe,
les terres un peu plus cher qu'elles ne valent.

Et, cependant, nous n'avons de route pour nous
rejoindre avec le reste du monde qu'à partir de
Koléa, et jusque-là il existe dix kilomètres à peu près
infranchissables pour n'importe qui, excepté pour
nous qui en avons l'habitude, et qui souffrons ce
martyre en punition de nos péchés. Nous y appor-
tons bien quelque amélioration tous les ans par le

travail de nos prestations, mais cela n'avance guère et il est probable que nous mourrons tous avant que notre route soit faite.

En somme, on ne se désespère plus. Quelques-uns cherchent bien encore à émigrer dans l'intérieur, mais avec l'arrière-pensée d'un retour au village. Manquant de terres, on veut bien aller cultiver à quelques lieues, mais en conservant son point d'attache ici. Non-seulement on ne songe plus à quitter définitivement le pays, mais ceux qui étaient partis chercher ailleurs une fortune qu'ils n'ont pas trouvée, reviennent. Il nous en est revenu d'Alger, de Blida, de Boufarik, voire même de Paris.

C'est aussi que la vie n'est pas chère à Tefschoun, et que sans beaucoup travailler on arrive aisément à joindre les deux bouts.

On a deux ou trois chèvres laitières qui vont au troupeau commun et pour lesquelles on ne paie au gardien que quatre sous par mois. Pour les bœufs ou vaches, c'est plus cher : il s'agit de cinquante centimes.

Notons en passant que depuis dix ans le nombre des chèvres va toujours en diminuant, tandis que celui des bœufs et vaches ne cesse d'augmenter. C'est un symptôme excellent, et tous les agriculteurs y verront la preuve que l'aisance s'accroît sensiblement.

On n'a pas seulement du lait, des œufs et un cochon, mais encore on a droit, moyennant une faible rétribution à la commune, à un ou deux ares de terrain arrosable qui, bien cultivé, représentent un nombre incalculable de salades et de choux. Je crois bien que j'ai déjà parlé des choux, mais je ne crains pas de revenir sur cet important sujet, car il tient une grande place dans l'alimentation rurale.

Tant pis pour ceux qui ne peuvent pas les souffrir !

Assurément ces jardins ne sont pas du tout comparables aux célèbres jardins d'Alcinoüs dont nous parle Homère, et qui se trouvaient sous un climat semblable au nôtre ; mais enfin dans notre pays on peut avoir des fruits toute l'année, et la bonne ménagère algérienne est dispensée par là de l'obligation de faire des confitures.... Quel pays de Cocagne !

Voulez-vous que nous relisions ensemble le charmant passage d'Homère, tel que l'a traduit Eugène Véron dans le beau livre qu'il a récemment publié sur le *Progrès intellectuel ?*

« Près de la maison s'étend un jardin de quatre
« arpents, fermé de tous côtés d'une barrière. Là
« croissent des arbres élevés et verdoyants, des
« poiriers, des grenadiers, des pommiers aux fruits
« éclatants, des figuiers chargés de figues savou-
« reuses et des oliviers au vert feuillage. Jamais
« ces arbres ne se lassent de produire, ni l'hiver,
« ni l'été. Leur fécondité est éternelle, car là ja-
« mais le zéphyr ne cesse de souffler. Il fait croître
« les fruits des uns, pendant qu'il fait mûrir ceux
« des autres. Quand les fruits d'un poirier ont été
« recueillis, un autre poirier fournit une récolte
« nouvelle, et ainsi toujours la pomme succède à
« la pomme, le raisin au raisin, et la figue à la
« figue. Là aussi est une vigne féconde en ven-
« danges. Pendant qu'ici le soleil échauffe le sol, là
« les raisins sont mûrs et l'on vendange ; à côté la
« vendange est déjà faite et l'on presse les raisins ;
« plus loin, la vigne commence à fleurir, tandis
« que d'un autre côté les grappes commencent à
« mûrir. A l'extrémité de l'enclos, sont des carrés
« plantés de légumes de toute espèce. Dans ce jar-

« din sont deux sources ; les eaux de l'une courent
« en circuits nombreux à travers tout l'enclos,
« celles de l'autre coulent sous le seuil de la porte
« d'entrée et servent aux besoins de la mai-
« son. »

Eh bien, ce n'est pas cela, mais c'est cependant
un peu cela. Nous sommes ici presqu'en Grèce ou
en Italie, de sorte qu'avec un filet d'eau et cinq ou
six ans de patience nous pouvons faire succéder,
d'un bout de l'année à l'autre, les poires, les pommes, les pêches, les prunes, les figues, les cerises,
les noix, les raisins, les grenades, les coings, les
oranges, les nèfles du Japon, etc., etc. C'est un cer-
cle indéfini, qui ne s'arrête pas, qui n'a jamais ni
commencement ni fin, et qui durera tant que la
terre gardera l'habitude de tourner autour du soleil.

Grâce au climat, la dépense de vêtements et de
chaussures est faible. D'ailleurs notre toilette est
fort négligée. Pendant toute la semaine, et même
parfois le dimanche, nous sommes presque tous
couverts de vieux habits qui ne sont souvent plus
autre chose que des haillons. Riches ou pauvres,
avec nos culottes multicolores, nos vestes déchirées
et nos chapeaux défoncés, nous avons l'air de véritables mendiants.

Les économies que nous faisons de ce côté-là,
nous les déversons sur la nourriture. Nous man-
geons bien, et nous buvons de même. Au vin de
nos vignes qui était rare au début, nous ajoutons
le café, entraînant avec lui de nombreux morceaux
de sucre.

Le pain reste encore la plus forte charge pour
nos ménages. Une balle de farine tous les mois ou
tous les deux mois, est ici comme ailleurs une lour-
de dépense. Pour cela, quand on n'a pas de ré-

colte à soi, il faut de l'argent sonnant, il faut gagner quelque chose. .

Nos salaires sont de deux francs cinquante par
jour en hiver, de trois francs en été. Pendant la
moisson nous gagnons davantage, bien qu'à l'imi-
tation des Kabyles nous nous servions encore de la
faucille, c'est-à-dire de l'instrument le plus primi-
tif et le plus fatigant qu'on puisse choisir entre
tous.

Bref, ainsi que vous le voyez, Tefschoun se relève. Il s'est produit ici ce qui a eu lieu pour la
plupart des autres villages algériens. Au début
grande affluence de population. On s'exagère les
bénéfices préalables, on se berce d'illusions, on
s'égare dans les rêves dorés, on escompte l'avenir : on bâtit des châteaux en Espagne. Aussi la
terre atteint-elle souvent alors des prix excessifs,
eu égard aux difficultés imprévues que comporte
toute entreprise nouvelle.

Mais bientôt la réalité apparaît. Elle reprend ses
droits, et souvent de la façon la plus brutale. La
manne ne tombe pas du ciel, et les châteaux en
Espagne s'écroulent les uns sur les autres. La plupart des colons accusent le pays au lieu d'accuser
leur propre inexpérience. Beaucoup se découragent
et mettent la clé sous la porte après avoir emprunté
le plus possible, trop souvent au-delà de ce que
valait réellement leur propriété. A cet égard, je
citerai un exemple. Quelqu'un que je connais bien
a payé, en 1865, 450 fr. un ravin qui était grevé de
1,800 francs d'hypothèques, de sorte que le prê-
teur perdait les deux tiers de son avoir par suite de
l'avilissement de la valeur du gage.

C'est la période de marasme, de dégoût et enfin
de désespoir complet. Elle dure plus ou moins longtemps suivant les lieux et les circonstances, mais

elle n'a jamais qu'un temps. Peu à peu l'excès du
mal appelle une réaction favorable dans l'état du
malade. Une baisse exagérée dans la valeur des
terres amène de nouveaux immigrants. Insensiblement, et pour ainsi dire sans qu'on s'en aperçoive,
un nouveau classement, et définitif celui-là, se fait
dans les propriétés. Le pays s'asseoit. Le mariage
d'amour entre l'homme et la terre, mariage souvent
malheureux au début parce qu'il reposait sur des
erreurs et des illusions, ce mariage perd de sa poésie pour devenir plus prosaïque, mais aussi plus sé-
rieux. Il se transforme en un bon et solide mariage
de raison où les conjoints s'apprécient à leur valeur,
où l'époux et l'épouse se connaissent bien et s'esti-
ment pour ce qu'ils sont.

Quand on en est arrivé là, il n'y a plus à y revenir, il ne faut plus parler de divorce. C'est à la vie,
à la mort.

Cette série de crises est inévitable dans toute
création nouvelle. Je crois que bien peu de villages en ont été exempts, et pour mon compte je ne
me chargerais pas d'en trouver un seul qui n'ait
dû passer plus ou moins longtemps par de telles
épreuves. D'ailleurs aucun d'eux n'en est mort.
C'est là un fait significatif que je prie le lecteur de
retenir dans sa mémoire.

*Aucun de nos villages européens n'est resté sans
habitants.* Les uns ont mieux réussi que les autres.
Celui-ci vivote tant bien que mal, celui-là se relève
et cet autre prospère, mais le point important c'est
que tous vivent.

On aurait tort de s'étonner du temps que ré-
clame souvent la période d'apprentissage. On ne
naît pas *colon algérien.* Il faut apprendre à connaître le pays, et « la manière de s'en servir »

En Europe, il y a une tradition. La routine

peut remplacer le savoir, tandis que nous, nous devons inventer : il suit de là que nous sommes exposés à faire des écoles. Sans compter qu'il y a des difficultés inhérentes à la contrée même et des inconvénients considérables dûs à l'absence de ce grand outillage que des siècles d'un travail opiniâtre ont accumulé sur certains sols d'Europe.

A l'origine, on peut dire qu'en Algérie il n'y avait véritablement *rien*. Laissons de côté les machines et les outils, cela va s'en dire ; mais ne parlons que des matières premières dont dispose l'agriculture la plus élémentaire.

Rien, c'est le mot, ainsi qu'on va le voir.

Pour nourrir les chevaux de la troupe, on faisait venir par mer, à grands frais, du fourrage d'Italie. On suspectait notre herbe ! Cependant, les faits ont prouvé qu'elle n'était coupable d'aucun crime, et qu'elle n'est pas plus mauvaise de ce côté-ci de la Méditerranée que sur l'autre bord. La preuve en est que maintenant les rôles sont renversés et que nous exportons souvent du fourrage en Egypte. Pendant la guerre contre la Prusse, nous avons même envoyé en France des quantités de foin considérables.

Pour le blé, autre inconvénient. Le blé dur d'Afrique, qui est celui dont nous produisons la plus grande quantité, est resté vingt ans sans être pleinement utilisé. En ces dernières années seulement, une industrie nouvelle s'est créée dans le midi de la France, qui en tire maintenant un parti très-avantageux.

Pour les bois, impossible d'exploiter les forêts du pays sans routes. Dans les contrées qui ont de grandes rivières, « des chemins qui marchent, » il n'en est pas de même. Mais ici nous manquons de ces avantages, et encore aujourd'hui les quais de

nos ports sont encombrés des bois que nous en-
voient la Suède et la Norvége. Grâce à l'eucalyptus, l'arbre merveilleux d'Australie qui se propage
rapidement depuis quelques années, je crois fermement que cet état de chose changera, mais cette
transformation demandera encore du temps.

De même pour le vin. Nous continuons à recevoir de France des quantités assez fortes de vins
qui seront remplacées avant dix ans par nos vins
du pays, car on plante beaucoup de vignes dans
les trois provinces, et elle réussit à merveille.

Ainsi encore pour l'huile. Cependant nous sommes plus avancés en ce qui la concerne, et notre
huile d'olives algérienne fait déjà aux huiles im-
portées de France une concurrence que celles-ci ne
pourront pas longtemps soutenir.

Quant au fer, dont nous possédons des mines
excellentes, il n'en peut être de même. Nous en
recevons beaucoup du dehors, et il est probable
que cet état de choses persistera. Nous continue-
rons à envoyer notre minerai en Europe pour qu'on
nous renvoie le fer fondu ou laminé. L'explication
de ce va et vient obligatoire est très-simple. L'Algérie manque de combustible, et le transport de la
houille coûterait plus que ne coûte le transport
d'un minerai qui contient 70 pour cent de métal.

Ces anomalies apparentes, qu'on peut appeler les
petites misères d'un pays neuf, sont moins rares
qu'on ne le pense dans l'histoire des colonies. Les
États-Unis n'ont-ils pas pendant quatre-vingts ans
envoyé constamment leur coton brut à l'Angleterre,
qui leur renvoyait en échange du coton manufac-
turé ? C'est depuis une dizaine d'années seulement
qu'il a pu se créer des manufactures aux lieux de
production, soit en Amérique, soit même dans
l'Inde,

Il y a temps pour tout et je ne finirais pas si je voulais multiplier les exemples à l'appui. Ce qui était impossible hier deviendra possible demain, et une découverte nouvelle entraîne souvent après elle toute une révolution économique.

Ainsi, sans les navires à vapeur, l'Algérie aurait-elle pu entreprendre ces grandes exportations de viande vivante qui ont commencé il y a une dizaine d'années et qui seront peut-être bientôt notre principale ressource? On voit en effet qu'aujourd'hui déjà des milliers de moutons partent de nos ports à chaque printemps pour Cette, pour Barcelone ou pour Marseille.

Qui donc oserait prédire et limiter d'avance ce que l'avenir nous réserve encore de surprises?

« Il n'y a que le premier pas qui coûte, » dit un vieux proverbe.

Eh bien, le premier pas est franchi en Algérie, c'est-à-dire que le plus fort est fait. Nous avons débroussaillé la route. Il n'y a plus qu'à y entrer sans hésitation et à marcher résolûment en avant.

CHAPITRE XIII

HISTOIRE D'UN ANE

Il y aurait tout un chapitre à écrire sur les grands et petits procès que les colons se font entre eux ou sur ceux que leur font les agents de l'administation locale. Sans doute ceux-ci ne peuvent pas vous faire envoyer à la Nouvelle-Calédonie non plus qu'au bagne de Toulon, mais il leur est facile de vous larder d'une infinité de piqûres. Un garde-champêtre a le droit de vous faire un procès-verbal si vos veaux franchissent sans autorisation la route qui passe devant votre porte. Un gendarme rencontrant votre charretier qui n'est pas à la tête de ses chevaux ou qui a perdu la plaque de sa voiture, peut vous traîner devant le juge de paix comme un grand criminel :

« — Qu'on me condamne par contumace, dites-
« vous avec désespoir, puisque je suis coupable !
« Mais laissez-moi arracher mes pommes de terre,
« battre mes fèves, faire mon métier enfin.... »

« — Impossible ! » répond l'inflexible justice.

Et il vous faut, accompagné du charretier, bien entendu, franchir vingt kilomètres en voiture ou à pied, et passer une journée au chef-lieu du canton, pour vous entendre acquitter ou condamner à un franc d'amende.

Bienheureux encore de n'être pas contraint d'apporter les veaux !

Il est nécessaire d'avoir du courage pour s'exposer de gaîté de cœur à ces petites morsures. Chasser à la grosse bête, passe encore. Mais faire la guerre aux moustiques, ah! le vilain métier !

J'ai cependant eu ce courage une fois, et vous en trouverez la preuve dans l'histoire authentique de notre âne Martin. Elle ne vous amusera peut-être pas autant à lire qu'elle m'a amusé moi-même à poursuivre dans chacune de ses péripéties. Néanmoins, la voici telle qu'elle a paru dans le *Journal des colons* de l'époque.

La Haute-Zaouïa, le 30 mars 1866.

Vers le mois d'avril de l'an passé, nous nous rendions au marché de Boufarik pour acheter des bœufs. Nos emplettes étaient terminées, lorsqu'un Arabe nous offrit un misérable petit bourricot tout galeux, au poil hérissé, haut de 75 centimètres environ. Il nous le fit prendre presque de force, pour dix francs. La pauvre bête ne se tenait plus sur ses jambes, et nous eûmes toutes sortes de peines pour l'amener à la ferme.

Une fois rendu ici, le pauvre âne reçut tous les soins que demandait sa triste situation. Nous l'envoyâmes aux bains de mer pendant plusieurs jours, nous le « médicamentâmes, » nous le guérîmes, et pour compléter la cure matérielle par une cure morale, nous le démusulmanisâmes et le baptisâmes du nom fort chrétien de *Martin*.

Lorsque je retrouvai Martin, après six mois d'absence, je ne le reconnaissais plus. Il était gras comme un moine; son poil luisant attestait clairement qu'il avait dépouillé le vieil âne, et que, profitant des récentes dispositions de la loi, il s'était fait naturaliser Français. Qu'on vienne me dire après cela que les ânes sont rebelles au progrès, et qu'ils ne marchent qu'à pas lents dans la voie qui leur est tracée !

Il serait trop long d'énumérer tous les services que nous rendait Martin. Nous ne pouvions guère l'employer comme monture : il était si petit que nos jambes pendaient à terre lorsque nous essayions de l'enfourcher. Mais s'il n'était pas propre à fournir des courses brillantes, s'il ne se livrait pas à des fantasias échevelées, il ne nous en rendait pas moins de réels services. Il était doux, patient et modeste : s'il ne se pressait pas beaucoup pour se mettre en route, en revanche il comprenait très-bien et obéissait ponctuellement lorsqu'on lui donnait l'ordre de s'arrêter. Bref, c'était un âne accompli, d'une belle éducation, et qui nous portait très-obligeamment nos paquets lorsque nous allions au village.

Un beau matin, au commencement de décembre, Martin disparaît. Chacun se représente notre chagrin, nos perplexités, notre profonde inquiétude. Nous fouillons tous les champs, toutes les broussailles, tous les ravins des alentours ; nous demandons Martin à tous les échos, et notre voix reste sans réponse. A Tefschoun, à Bérard, à Castiglione, personne n'a vu Martin, personne n'a rencontré d'âne sans maître. Nous commencions à croire que nous avions été victimes d'un vol. Nous étions désolés ; mais que faire ? Nous n'avions d'autre ressource que de tâcher de nous consoler, si tant est que cela fût possible après une si grande perte.

Cependant les jours s'écoulent. Le temps avait déjà quelque peu adouci l'amertume de nos regrets, tant la nature humaine est oublieuse et ingrate, lorsqu'on nous apprend que notre bourricot, poussé par son mauvais génie, s'était égaré à cinq lieues de là, à Fouka ! Martin avait été mis en fourrière à la suite de cette escapade, puis vendu au profit de l'Etat à un nommé Ben-Aouda, exerçant l'industrie de caïd.

A cette nouvelle, je vais trouver M. le receveur des domaines à Koléa, et lui demande de vouloir bien me rembourser le prix de vente de l'âne qui nous avait appartenu.

M. le receveur m'annonce que l'animal a été vendu pour la somme de.............. 16 fr. 80
sur laquelle somme il faut déduire pour frais 9 20

ce qui fait qu'il me reste dû............ 5 60

Il ajoute que pour arriver à me faire rembourser, je dois fournir un certificat de notoriété qui constate que je suis véritablement propriétaire de l'âne en question.

Sur ce, je me rends chez M. le juge de paix, qui me confirme ce que vient de dire M. le receveur des domaines. Je dois amener pour comparaître trois ou quatre personnes attestant l'identité de Martin et la mienne propre.

Je retourne donc à Tefschoun, mon village, chercher des témoins. Le dimanche suivant, nous venons à quatre à Koléa — ce qui fait cinq lieues pour aller et revenir — et nous comparaissons....

De notre comparution résulte le document suivant :

L'an mil huit cent soixante-six et le vingt-six février,

Par-devant nous, Tollin (Hubert), juge de paix du canton de Koléa, assisté de Me Bouchier (Fortuné), notre greffier,

Ont comparu : 1° les sieurs Garreau (Jean), âgé de trente ans ; 2° Fischer (Joseph), âgé de vingt et un ans ; 3° Renoux (Charles), âgé de vingt et un ans ; tous trois cultivateurs domiciliés à Tefschoun,

Lesquels nous ont certifié et déclaré que l'âne sous poil gris taché de brun, âgé d'environ six ans, de très-petite taille, qui avait été mis en fourrière et vendu par M. le receveur des domaines de Koléa, le douze décembre mil huit cent soixante-cinq, était la propriété de M. Blanc (Paul), propriétaire à Tefschoun, et qu'à lui seul doit revenir l'excédant du prix de la vente.

Desquelles déclarations certifiées sincères et véritables par les comparants, nous avons dressé le présent acte de notoriété pour servir et valoir à telles fins que de droit.

Lecture faite, les témoins susnommés ont signé avec nous et le greffier.

Garreau, — Fischer, — Renoult, Bouchier, Tollin.

Enregistré à Koléa, le vingt-six février mil huit cent soixante-six, f° 17, v° c° 5.

Reçu un franc.

E. Crose.

Comme rien ne se fait pour rien, et que toute peine mérite son salaire, je paye pour ledit acte la somme de quatre francs et quatre-vingt-cinq centimes, à savoir :

Frais d'enregistrement....	1 fr.	»»
Timbre................	»	50
Vacation du greffier.....	3	35
Total.......	4	85

Muni de cette pièce, je me présente devant M. le receveur des domaines, espérant être remboursé de mes 5 fr. 60 centimes. Tout compte fait, en laissant de côté mes démarches et le dérangement de trois personnes auxquelles j'ai fait perdre un dimanche, il me reste un *boni* de soixante quinze centimes sur le prix de vente de seize francs quatre-vingts centimes. — Du moins je ne veux pas perdre cela, et je me présente devant l'autorité.

Mais je me pressais trop ! M. le receveur des domaines me répond textuellement qu'aux termes de l'article 539 du Code civil, « tous les biens va-
« cants et sans maîtres appartiennent au domaine
« public, et comme tels sont vendus au profit de
« l'Etat qui encaisse le produit à titre provisoire ;
« — que les restitutions des produits perçus à
« titre provisoire ont lieu sous la déduction d'une
« indemnité de 5 0/0 pour frais de régie et de
« toutes les dépenses acquittées à la décharge des
« propriétaires ; — qu'il ne lui appartient pas de
« me restituer l'excédant encaissé par lui le 12 dé-
« cembre sur la vente de l'âne dont je revendique
« la propriété ; — que, si je veux être remboursé
« je dois faire une pétition à M. le directeur des
« domaines d'Alger, qui fournira à M. le préfet du
« département toutes les indications nécessaires
« pour la liquidation de la somme à restituer. »

Que vous dirai-je encore ? — J'en suis là.

Je rédige en ce moment, sur une belle feuille de papier ministre, ma pétition à M. le directeur des domaines d'Alger, « qui fournira à M. le préfet, etc., etc. »

N'est-il pas vrai que cet âne était un bon âne ? Vous en avez maintenant la preuve devant vous : voyez que de chemin il m'a déjà fait parcourir ! — Du reste, cette longue route ne m'a pas encore fatigué, et j'irai aussi loin qu'il sera nécessaire d'aller.

La Haute Zaouïa, le 19 avril 1866.

Il faut beaucoup de patience pour gagner le ciel, à ce que l'on raconte. Je l'ai toujours cru, mais je pense maintenant qu'il faut encore plus de persévérance pour ravoir ce que l'Etat nous doit, quand par malheur l'Etat nous doit quelque chose.

J'ai adressé donc sur beau papier la pétition suivante :

A monsieur le Directeur des Domaines à Alger,

Monsieur le Directeur,

Le douze décembre mil huit cent soixante-cinq, à la suite d'une mise en fourrière, il a été vendu à Koléa, par M. le receveur des Domaines, un âne qui m'avait appartenu.

J'ai l'honneur de m'adresser à vous pour obtenir le remboursement de la somme qui me reste due par votre administration sur le prix de vente dudit âne. Cette somme se monterait à 5 francs 60 cent. environ.

Je joins à ma demande un acte de notoriété qui établit la légitimité de ma revendication.

Je suis, M. le Directeur, etc., etc.

Le facteur m'ayant assuré que je devais affranchir ma lettre, j'ai affranchi, ce qui m'a coûté 40 centimes, attendu que les actes de notoriété sont très-lourds.

J'étais tranquille, ayant accompli pleinement mon devoir, lorsqu'il y a quelques jours, le garde-champêtre de Tefschoun m'a remis ma pétition, qui m'était renvoyée accompagnée du billet suivant :

BUREAU DES DOMAINES
　　　DE KOLÉA　　　　　　　　　« Koléa, le 15 avril 1866.
　　　　　——

　　« Monsieur,

　« Je vous adresse sous ce pli une pétition sur papier libre faite par vous pour obtenir le remboursement du prix d'un âne vendu par l'administration. Cette pétition, qui m'a été communiquée par M. le Directeur, ne pourra être instruite qu'une fois qu'elle aura été rédigée sur timbre, conformément au vœu de la loi.

« Je vous engage donc à la rédiger à nouveau sur une feuille timbrée, que vous devrez me faire parvenir avec l'original que je vous adresse, dans un court délai.

« Agréez, monsieur, l'expression de mes sentiments distingués.

« Le Receveur,
« DUBERGER. »

J'irai demain sans faute à Koléa acheter du papier timbré. Le garde-champêtre assure qu'il faut une feuille de cinquante centimes. Je me résignerai à ce nouveau sacrifice. Mais qui sait ce qui m'attend encore après cela ?

J'aurais mieux fait de ne rien réclamer ; je le vois bien maintenant, clair comme le jour, mais trop tard.

Malheureusement pour moi, je ne peux plus reculer, car si je m'arrête, non-seulement je perds soixante-quinze centimes, mais je perds :

1° Quatre francs quatre-vingt-cinq centimes que l'Etat m'a fait débourser pour l'acte de notoriété (timbre, enregistrement, greffe) ;

2° Quarante centimes de timbres-poste que l'Etat m'a pris pour l'affranchissement de ma pétition sur papier libre.

Ce qui fait cinq francs vingt-cinq centimes de bonne monnaie. Or, comme il n'est pas tombé beaucoup d'eau cette année, que les fourrages ne seront pas abondants, et qu'on nous annonce l'arrivée des sauterelles, cinq francs vingt-cinq centimes valent la peine qu'on y regarde.

Il est vrai que je perdrai toujours quelque chose, si j'arrive à me faire rembourser les cinq francs soixante centimes que l'Etat me doit.

En effet, il me faudra déduire les dépenses que je viens d'énumérer, plus :

1° Cinq pour cent que l'Etat me prendra pour frais de régie, soit 28 centimes ;

2° Cinquante centimes que l'Etat me prendra pour le timbre de ma nouvelle pétition ;

Total : soixante-dix-huit centimes.

En défalquant cette somme de mes soixante-quinze centimes de bénéfice net, il me restera une perte sèche de trois centimes.

En somme, si ma perte se borne là je serai bien content, car maintenant, engagé comme je le suis, vous voyez que je ne peux plus m'arrêter. L'Etat me demanderait encore trois fois plus qu'il m'a pris, je le lui donnerais. En effet, je crois qu'il est honnête et qu'il finira bien par me rembourser quelque chose.

J'aurai donc tôt ou tard ce qui m'est dû. Il n'y aura que les frais à déduire — et rien autre.

Eh bien, avouez que si l'on veut être juste, on ne peut raisonnablement pas demander davantage !

Paris, le 20 juin 1866.

A quels signes se reconnaissent les histoires intéressantes, les récits attachants ?

A des signes qui ne peuvent pas être contrefaits, qui ont été et seront toujours les mêmes dans la longue suite des temps. L'histoire intéressante doit d'abord être vraie dans toutes ses parties, depuis l'exorde jusqu'au dénoûment.

Elle doit ensuite renfermer ce que les Grecs appelaient des péripéties, c'est-à-dire que vous croyez sans cesse toucher à la fin, et que quelque événement imprévu venant à la traverse vous rejette dans de nouvelles anxiétés, dont vous n'entrevoyez pas l'issue. Enfin l'histoire intéressante doit « bien finir. » A la dernière page tout le monde est content, les amoureux se marient, le notaire touche ses honoraires, et la morale est satisfaite.

Je prétends que l'histoire de Martin, notre âne, présente tous ces caractères. Elle est exacte, et exactement racontée par nous. Elle renferme péripéties sur péripéties, ainsi qu'on l'a déjà vu. Enfin elle finira très-bien ; — je l'espère du moins. Le domaine n'y perdra pas, et si j'y perds quelque chose, je ne le regretterai pas plus qu'il ne convient, car j'aurai acquis beaucoup d'instruction pour peu d'argent.

Il est possible qu'il ne s'ensuive pas un mariage, mais je vous assure que ce ne sera pas ma faute, car je désire autant que personne au monde que l'Algérie soit dotée d'une population nombreuse. Quant à la morale, j'ai la conviction intime qu'elle sera satisfaite, puisqu'on me rendra ce que la loi m'accorde.

Je crois du reste que nous touchons au denoûment de l'histoire de ce pauvre âne. J'avoue que mes inconsolables regrets se sont accrus, lorsqu'en quittant la ferme pour me rendre en France, tous les colons que je rencontrais me demandaient des nouvelles de Martin. Cette touchante sollicitude m'a vivement ému, et m'a fait sentir toute la grandeur de la perte que nous avons eu le malheur de faire. Aussi est-ce un devoir pour moi de vous annoncer aujourd'hui le dernier acte de cette lamentable tragédie.

Hier, 19 juin, m'est parvenu ici un mandat de payement d'où il résulte en substance que :

« En vertu des crédits ouverts par le maréchal
« gouverneur de l'Algérie, les sommes dont le dé-
« tail suit seront payées par M. Chevallier, tréso-
« rier-payeur, à la partie prenante, et pour les
« motifs ci-après, savoir :

« OBJETS DU PAYEMENT.

« Restitution du produit net de la vente d'un
« âne provenant de la fourrière publique...
         « Sommes,
         « 6 francs....
« .... Le présent mandat montant à la somme de
« six francs, délivré par nous, Sudré, inspecteur de
« l'enregistrement, des domaines et du timbre.
« A Alger, le 19 mai 1866.

                              « SUDRÉ. »

Je m'empresse de donner quittance et de ren-
voyer immédiatement cette pièce en Algérie, afin
d'avoir mes six francs, car j'aurai véritablement
six francs nets.

La chose est incontestable et j'en suis vraiment
bien satisfait. Ces six francs me donneront pleinement raison. J'avais toujours avancé aux incrédules
que je serais remboursé. On ne voulait pas le croire,
mais aujourd'hui on y sera bien forcé.

Ce qui me fait plaisir, c'est que je pourrai répondre victorieusement à ceux qui seraient tentés d'a-
dresser quelque reproche à l'administration. Je
pourrai désormais faire justice de toutes les calom-
nies dirigées contre elle par les administrés. Le mandat est là, sur ma table, à gauche de mon encrier ;
je le montrerai à ces incrédules, s'ils le veulent, et
ce qui sera plus démonstratif encore, bientôt je serai en état de leur montrer mes six francs !

Six francs ! Je vous répète que je les aurai, sans aucune retenue, et sans avoir à produire de nouvelles pièces. La preuve, c'est qu'on lit dans un coin du mandat :

« Vu bon à payer sans pièces, par le payeur particulier à Blida.

« Le trésorier-payeur,
« NIBEL. »

Je n'espérais pas tant, s'il vous en souvient. D'après les renseignements qui m'avaient été fournis, je croyais n'avoir droit « sur les 17 francs du prix de vente » qu'à 5 francs 85 centimes, au plus haut. — Or, comme j'ai dépensé 5 francs 88 centimes, je m'attendais à perdre 3 centimes.

Eh bien, non-seulement je n'ai rien perdu, mais je gagnerai encore près de trois sous ! — J'ai peur que l'État à son tour n'y perde quelque chose...

Ma foi, tant pis pour le gouvernement ! Après une année de sauterelles qui a dévoré toute la récolte, pareille somme n'est pas à dédaigner. On nous accusera peut-être de céder à cette funeste tendance de notre époque qui nous fait mettre quelquefois notre intérêt particulier en balance avec celui de l'État... — N'importe, prenons ces trois sous ; nous les avons bien gagnés.

Paris, le 1ᵉʳ septembre 1867.

Un an s'est écoulé.... et je n'ai pas encore mon argent.

Vous n'en êtes pas très-surpris sans doute ? — Ni moi non plus.

J'ai cependant donné quittance, et j'ai fait présenter le mandat acquitté à M. le payeur particulier du trésor à Blidah. Il a été répondu par M. le payeur particulier au sieur Adolphe Chirac, notre garçon de ferme, porteur dudit mandat acquitté par moi, que je devais me présenter en personne pour toucher les six francs qui m'étaient dûs par l'Etat.

Donc, impossibilité de recevoir mon argent immédiatement, à moins de faire tout exprès le voyage de France en Algérie.

Je ne me tenais cependant pas pour absolument battu.

Retournant en Afrique au commencement de la présente année, comme de juste je me suis informé tout d'abord des moyens à employer pour ravoir mon bien.

Des renseignements pris, il est résulté que le crédit ouvert par le gouvernement général de l'Algérie expirait au 31 décembre de l'année 1866, et que, si je voulais être payé, il y aurait lieu de provoquer par les voies de droit l'ouverture d'un nouveau crédit portant sur l'exercice 1867!.....

Je m'en suis tenu là, et m'y tiens encore. Mon pays me devra éternellement six francs. — J'y suis résigné et je m'engage à ne plus jamais lui réclamer ce qu'il pourrait me devoir à l'avenir.

CHAPITRE XIV

LES PLAISIRS DU VILLAGE

Nous sommes au mois d'avril. Les semences sont presque toutes confiées à la terre. L'avoine, l'orge et le blé ne tarderont pas à fleurir, le maïs apparaît et les fèves grossisent. Il ne reste plus guère à planter que le tabac.

C'est un moment de répit pour le cultivateur, avant les fauchages et les travaux de la moisson, et le colon se livre aux plaisirs du village.

L'autre jour, avec la permission de l'autorité, nous avions organisé une grande battue aux sangliers. Tout Tefschoun y était ! C'était merveille de voir notre troupe traverser la pauvre forêt incendiée, le fusil sur l'épaule. Sans nous faire beaucoup de tort, on aurait pu aisément nous prendre pour une bande de brigands. Je ne suis pas chasseur, aussi serai-je sincère. Nous avons beaucoup tiré, mais nous n'avons tué qu'un petit marcassin, que nous avons offert à des chasseurs de Koléa. Le plus beau moment dans cette chasse, comme dans toutes les chasses auxquelles j'ai assisté, m'a paru être le moment du déjeuner. Là, chacun a bien fait son devoir.

Le dimanche suivant, d'autres distractions nous attendaient. Il a fallu prendre les armes et se rendre à Castiglione pour passer la revue de la milice. On était magnifique à voir : il y en avait des petits et des grands, ce qui, naturellement, donnait pour l'ensemble une taille moyenne. Les manœuvres se sont exécutées du mieux qu'il était possible : celui qui faisait les mouvements après son voisin n'arrivait pas le premier, comme on peut penser; mais il arrivait tout de même, et c'est le principal. Après l'exercice, on a rompu les rangs, et on est allé se rafraîchir. On est revenu au village assez tard, l'estomac chargé de quelques bouteilles et la vérité m'oblige de reconnaître que les fusils paraissaient beaucoup plus lourds à porter en revenant qu'en allant.

Puis, aux fêtes de Pâques, nous avons eu un bal. On ne danse pas souvent à Tefschoun, mais quand on s'y met, c'est pour longtemps : en plein air, à la nuit, chaque « jeune gens » apporte sa lanterne, ce qui produit un éclairage éblouissant. Là, le beau sexe apparaît dans toute sa splendeur : les dames et les demoiselles se promènent par deux ou trois sur la terre battue qui tient lieu de parquet, en attendant que les cavaliers viennent les inviter. Dans les entractes, on se choisit mutuellement des maris, on égratigne tant soit peu le goût ou la réputation de ses meilleures amies; bref on s'amuse « énormément. »

J'ai souvent entendu de bonnes âmes plaindre les musiciens arabes, qui soufflent dans un roseau pendant toute une nuit presque sans désemparer. Je comprends cette commisération, et je la partage ; mais il faut qu'on me laisse garder un peu de pitié pour le cornet à piston des bals de campagne. Passe encore pour le violonneux, qui se borne à avoir des crampes aux doigts, mais le pauvre piston ! Après tout, si vous allez au fond des choses, vous êtes amené à reconnaître que, dans un bal, les gens les plus à plaindre, ce sont encore les danseurs, car ce sont eux qui se donnent le plus de mal. Les musiciens, du moins, restent assis |

Voilà nos plaisirs. Vous autres, les citadins, vous vous moquez de nous, vous nous appelez paysans, et vous vous croyez autant supérieurs à nous qu'un militaire gradé est au-dessus d'un simple fusillier. Je ne veux pas vous faire de la peine, mais je dois vous dire que vous avez tort. Nous ne sommes pas tout, je vous l'accorde ; nous ne sommes que la matière si vous voulez, par rapport à vous qui serez l'esprit. Je vais jusqu'à vous faire cette concession. Mais en notre qualité de matière, nous sommes la base de tout. Nous pourrions, à la rigueur, nous passer de vous, tandis que vous avez absolument besoin de nous.

Nous créons et vous ne faites que transformer. Nous faisons l'avoine qui nourrit vos chevaux, le tabac que vous fumez, la laine et le coton qui vous habillent, la viande et le blé que vous mangez. Cherchez un peu parmi les objets que vous consommez, s'il en est un qui ne vienne pas de nous. Vous n'en trouverez pas.

Il est vrai que vous êtes plus riches que nous, et que vous vous dites plus intelligents aussi. Riches, je vous l'accorde : nous tirons les marrons du feu et vous les croquez. Autrefois on a pu considérer que c'était une supériorité sur ses voisins que de les rançonner : si vous y tenez, je vous concède ce privilége d'un autre âge. Mais si vous parlez d'intelligence, je me refuse, en Algérie du moins, à vous en laisser le monopole. Nous avons presque tous vécu dans les villes, et nous savons à quoi nous en tenir à cet égard. Nous sommes des convertis ; nous avons laissé l'air des rues pour l'air des champs, et cela pour toujours. Vous ignorez ce que nous avons pris, et nous connaissons ce que nous avons quitté. Nous ne regrettons rien. A nous, vous n'avez pas le droit de

dire que nous sommes des ignorants, parce que
nous avons abandonné le mauvais pour prendre le
bon.

Vous me direz que je ne sais pas tout ce que
vous faites à la ville, et en effet j'ai un peu pris
plaisir à l'oublier. Mais je sais que, pour notre
compte, nous sommes dans la vérité, que nous
servons à quelque chose dans l'ordre de la nature,
et que par conséquent nous remplissons notre
devoir. Chaque coup de pioche que nous donnons
est une bonne action, et nous réalisons petit à petit
une grande conquête, la conquête de la fertilité
sur l'inculture, du bien sur le mal, de la vie sur
le néant. Nous sommes des ignorants, je le veux ;
mais vous êtes de grands savants, si vous accom-
plissez une œuvre plus utile que la nôtre.

Tels quels, après vingt ans de luttes, de désillu-
sions et de souffrances, nous nous sommes attachés
à cette terre. Nous avons surpris ses secrets, nous
savons ce qu'elle refuse et ce qu'elle donne. Nous
sommes aujourd'hui devenus des instruments admi-
rables pour la féconder. Ce que nous ignorions à
notre venue de France, nous l'avons appris, et nous
l'avons enseigné à nos enfants. Ils feront mieux
et plus que nous, si on veut les laisser faire. Vou-
dra-t-on ? — Tout est là.

Depuis vingt ans, de toutes parts, l'écho admi-
nistratif répète que la colonisation est le plus cher
souci du pouvoir dirigeant. J'admets cela, mais
j'ajoute que, s'il veut qu'on le croie, l'écho est venu
de prouver par des faits la vérité de ses paroles. Il
a promis de grands travaux, des routes, des barra-
ges, *et cœtera*. J'admets qu'il tienne tout ce qu'il
a promis, que ce ne serait pas encore assez.

Les millions répandus à flots sur l'Algérie s'éva-
poreront au soleil, si la colonisation ne peut pas

s'étendre. Ce qu'il faut, avant tout, ce sont des terres. Peu importe qu'on les concède ou qu'on les vende : il en faut et il en faut beaucoup.

Par le système de colonisation restreinte adopté jusqu'ici, on n'a pas encore créé une colonie, mais on a créé quelques colons. L'épreuve est faite : elle a réussi, et on peut « travailler sur échantillons. »

Nous avons les outils maintenant. Nous refusera-t-on toujours la matière première ?

II

Revenant au village, il faut vous dire un mot des plaisirs du dimanche.

Les uns s'en vont faire un tour dans les champs.

Les autres bavardent sur le pas de leurs portes.

Les hommes sont au cabaret ou, ce qui vaut bien mieux, jouent paisiblement aux boules. On ne sait pas assez combien le jeu de boules est un puissant auxiliaire pour la morale, la tempérance et la bonne tenue.

Chacun se montre aux autres, ou regarde les autres. On se fait beau, on habille les enfants, on leur met leurs belles bottines.

Les parents se font beaux aussi.

Le beau d'un homme, c'est d'être paré d'une chemise d'une entière blancheur, d'être rasé de frais, et d'avoir les souliers cirés. On se tient debout, ou bien adossé contre un mur, les mains à demi-enfoncées dans les poches, un cigare aux lèvres. Il n'est pas mal, bien qu'on n'ait nulle en-

vie de rire, d'affecter un sourire plein de finesse.
On s'imagine que cela vous donne beaucoup d'esprit, et que les autres enragent.

Voilà le beau d'un homme.

Le beau d'une femme, c'est plus difficile à expliquer. Il y a tant de détails !

Autrefois, il suffisait d'un bonnet blanc, d'un fichu
bien repassé. On tenait à la main le coin• de son
mouchoir pendant toute la journée, ce qui vous
donnait l'air fort naturel d'une très-grande dame.
Mais depuis que le calicot est à 30 centimes le mètre, depuis que le suffrage universel tout entier est
pourvu de mouchoirs, cette attitude a perdu un peu
de son prestige. Ce n'est plus à la mode, c'est
vieux style.

Aujourd'hui, le petit chapeau rond à rubans a
remplacé le bonnet, et le mouchoir a fait place à
l'ombrelle. L'ombrelle est ce qu'il y a de mieux
porté à la campagne, et on en est si fière qu'on
la porte même par les temps couverts. D'ailleurs,
à parler sérieusement, est-ce que les ombrelles ont
jamais été faites pour garantir du soleil ?

Puisque c'est aujourd'hui dimanche, il serait naturel d'aller faire un tour à l'église. Cependant, à
mon grand regret, je ne parlerai pas de la messe,
d'abord parce que la messe n'est pas un plaisir, et
ensuite parce qu'à Tefschoun il n'y en a pas.

Il existe pourtant une chambre à destination d'é-
glise, pourvue de tout l'outillage nécessaire.
Mais le curé de la commune ne veut venir dire la
messe que si les habitants de notre section consen-
tent à lui donner cent sous par mois. Or, le peuple
ne veut décidément de la religion que si elle est
gratuite. Le clergé se montrant d'un avis tout op-
posé, il n'y a pas moyen de s'entendre.

« Pas de cent sous, pas de messe, » a dit le curé.

Moi, je trouve cela juste, et j'approuve cette réserve. Donnant, donnant.

D'ailleurs, le scrutin électoral a remplacé la messe ; c'est une meilleure occasion de se réunir en
assemblée générale. Vous voyez là se confondre tous
les colons dans la communion du suffrage universel ; et pour moi, cette communion vaut l'autre !

Ne riez pas des quatre-vingts électeurs de Tefschoun. Ils ne rient pas, eux, et il n'y a pas non
plus de quoi rire. Le bureau, composé de trois citoyens : de l'adjoint, d'un vieux et d'un jeune, siége
consciencieusement toute la journée jusqu'à l'heure
du dépouillement. A ce moment solennel, la porte
de la mairie est ouverte ; et tant dedans que dehors,
tout le village est là, anxieux, les oreilles grandes
ouvertes. Pendant que les noms des élus inscrits
sur les bulletins de vote sont appelés d'une voix
légèrement émue par le président du bureau, un
silence profond règne dans l'auditoire. On enten-
drait voler une mouche. Les femmes ne viennent
pas aux alentours : on les renverrait, car il s'agit
des affaires de la commune, du département, de
l'Etat.

Une fois le résultat acquis, on se sépare en silence,
les uns contents, les autres vexés. La divinité
moderne, le souverain a parlé, il a rendu son ver-
dict. Chacun se tait, et comprend qu'il ne lui reste
plus qu'à obéir à la volonté générale, au libre ar-
bitre !

III

Comment, lorsqu'il est question des plaisirs du
village, ne pas parler de la récolte ?

C'est le plus grand assurément, et je m'en voudrais de l'avoir oublié : c'est par là que nous finirons ces études.

Nous sommes en juillet, à l'époque où la chaleur monte, où le ciel d'un bleu implacable ne se lasse pas d'être pur. Les gerbes sont rentrées, la meule est faite, l'aire nettoyée. Nous allons battre.

La plupart d'entre nous n'est pas encore assez riche pour acheter une machine. Il faut donc battre au rouleau.

Notre aire est grande. C'est un petit cirque où les chevaux vont tourner pendant des heures et des heures, pendant des jours et des jours. N'avons-nous pas sous les yeux la représentation matérielle du mouvement incessant et indéfini, le cycle du travail sans fin?

Nous mènerons la même vie pendant au moins six semaines.

Le matin, dès que la rosée s'est un peu ressuyée, on apporte les gerbes sur l'aire. Disposées circulairement, se recouvrant l'une l'autre comme les tuiles d'un toit, elles forment un tapis d'un jaune qui réjouit les yeux. C'est la blonde couronne de Cérès.

Mais il est neuf heures, il fait assez chaud. Les chevaux arrivent et on les attelle au rouleau. Ils marchent, ils piaffent, il se cabrent, et leurs pieds, tout autant que le rouleau, brisant les épis, en séparent le grain. L'attelage circule d'abord au pas et la paille rend un bruit de froissement d'étoffe, bruit moelleux et comme étouffé. Puis c'est le trot, et alors un roulement sourd comme celui d'une pièce d'artillerie traînée sur le pavé fait trembler la terre.

Ce rouleau est parfois cannelé comme un fragment de colonne corinthienne. Plus souvent il est lisse, et la paille le polit par le frottement. Dans notre canton on le fait avec une pierre rose veinée de blanc qui a l'aspect du marbre.

Par moment les chevaux buttent contre la paille ou bien il se baissent pour attraper au vol une poignée d'épis dont ils font une bouchée. Mais un grand coup de fouet du conducteur les rappelle à l'ordre.

Celui-ci est au centre comme Franconi au milieu du cirque. Il les excite de la voix. Il tourne avec eux autour du tas de paille et de grain mélangé qui va chaque jour s'accroissant des résultats de la battue nouvelle.

De temps à autre on interrompt le travail pour retourner la paille. C'est un repos pour l'homme et les bêtes.

Enfin, au bout de 4 ou 5 heures passées en plein soleil de juillet, les gerbes sont écrasées, la paille est toute brisée et les épis n'existent plus. C'est alors qu'on enlève avec précaution les brindilles de paille pour ne garder sur l'aire que les débris des épis, la balle, et le grain.

Tout cela vient s'ajouter au tas central, à ce bienheureux tas qui renferme l'énigme de la récolte :

« — Enfin je la tiens ma récolte, cette fois ! —
« Elle ne brûlera pas comme l'an passé. — J'ai au
« moins 20 quintaux de plus que ce gueux de
« François, mon voisin. — Pourvu que le blé soit à
« plus de 25 francs ? — S'il pouvait monter à 30
« francs? — voire même à 32? — ou 33 ? — Mais
« non, il est à 24 !... Combien cela me donnera-
« t-il à l'hectare ? Au moins le 15 ! Frédéric n'a eu
« que le 7. C'est bien fait pour cet imbécile ! —
« Oh! sûr, sûr; j'ai la plus belle récolte des envi-
« rons. Les voisins vont-ils enrager ! Et Nicolas

« qui dit qu'il sait tout faire mieux que les autres,
« c'est lui qui ne sera pas content... Oh! Nicolas, je
« connais son numéro à présent. — C'est lui qui
« l'année dernière disait qu'il avait eu 75 quintaux
« dans 4 hectares. — Mais j'ai demandé au meu-
« nier de Blida. Il m'a dit qu'il n'en avait eu que
« 47, ni plus, ni moins. Je vous demande un peu à
« quoi servent tous ces mensonges là? Est-ce
« qu'on se fait une belle jambe de mentir à sa
« poche? — Eh bien! vous ne croiriez jamais qu'ils
« sont tous comme ça dans le village? Avant la ré-
« colte ils doivent avoir 100, 200, 300 quintaux ;
« et puis pour changer, quand le blé est battu, ils
« ont eu le cinq à l'hectare ! Il n'y a pas jusqu'au
« beau-frère de l'adjoint qui voulait tout avaler et
« qui, pour finir, a eu le deux... ! »

Il nous faut arrêter le flot de cette conversation
qui pourrait ne pas finir, mais que de châteaux en
Espagne il se bâtit sur ce tas mouvant de balles et
de grains !

Écoutons encore :

« Je paierai mes hypothèques.

« J'achèterai les quatre hectares à gauche de
moi. Ils ne sont pas tous défrichés, mais c'est égal,
c'est du bon terrain.

« J'achèterai un chariot neuf.

« Je ferai défricher au moins six hectares cette
année.

« J'achèterai quatre grands bœufs croisés.

« J'achèterai un cheval, oh! mais un bon cheval !

« J'achèterai une jardinière à deux roues.

« Non; à quatre roues.

« Je bâtirai un bout de hangar avec un dessus
pour mettre le fourrage.

« J'achèterai la concession d'Eustache. Il de-

mande 3,000 fr., mais je l'aurai pour 2,000, c'est
sûr.

« J'achèterai, j'achèterai…. »

C'est le pot au lait de Perrette que ce bienheureux tas, c'est la corne d'abondance des anciens,
la bouteille inépuisable de Robert Houdin.

Il contient tout, renferme tout, promet tout.

Il vous promettra la lune, si vous voulez. Ne
riez pas. Il ne manque pas de gens pour la lui demander, car les fous sont plus nombreux que les
sages.

Mais l'heureux moment de vanner arrive. On
vanne, à force, à force…. on s'épuise pour aller plus
vite. Enfin tout est battu, tout est vanné. Que de
misères pour en arriver là!

Cependant nous y sommes. L'impatience dévore
le cultivateur, vous savez qu'il a fait cent calculs,
mais qu'après avoir monté, descendu, remonté, re-
descendu ses chiffres, il est sûr d'avoir cent quintaux, « *positivement sûr.* »

Or le blé est à 25 fr. — mais « le sien on le
paiera bien 26 parce qu'il est plus beau que
tous ceux des autres…. » d'où un total de 2,600
fr. pour le moins.

Il met en sac et il s'aperçoit déjà qu'il ne trouve
en tout que 80 quintaux.

Quand il arrive à Blida, il apprend que la récolte
sera décidément bonne en France. Le blé n'est plus
qu'à 24 fr., et comme son blé est petit, on ne peut
le lui payer que 23.

— Hélas ! je perds près de 1,000 fr. aujourd'hui,
dit-il attéré.

Il n'achètera donc pas la jardinière, ni le bon
cheval, ni les quatre grands bœufs, ni le chariot
neuf, ni les quatre hectares, ni rien de tout ce
qu'il avait rêvé. — Il paiera peut-être à l'épicier

quelques dettes criardes, il diminuera ses hypothèques de 4 ou 500 fr., et ce sera tout.

Il ne lui reste plus qu'une ressource, et savez-
vous laquelle ?

Il va recommencer à rêver au tas de blé de l'an
prochain.

CHAPITRE XV

CONCLUSION

Vous connaissez maintenant notre genre de vie, ami lecteur.

Virgile a dit que les gens de campagne seraient « trop heureux s'ils sentaient leur bonheur. »

Or nous sentons le nôtre.

Nous avons été citadins, et si nous nous sommes fait ruraux, c'est que nous nous trouvons mieux ici que là.

Nous sommes ici à notre place. et nous le comprenons.

L'homme ne vit vraiment qu'aux champs. — Je ne parle pas de la santé ; je parle de la vie dans sa plénitude, de la vie morale, de la vie intellectuelle surtout.

Pour moi, c'est seulement depuis que je suis à la ferme, au milieu des bêtes et un peu à l'écart des hommes, que j'ai trouvé le temps de lire, le temps d'apprendre, le temps de réfléchir, le temps de travailler.

Le solitaire Pascal n'est pas le seul à nous avoir montré, en plusieurs endroits de ses livres, l'homme se jetant dans les distractions les plus fausses et les plus ennuyeuses de la vie mondaine pour se fuir lui-même et pour s'empêcher de penser.

Avant lui, Descartes insiste aussi sur ce point que le plus grand bien qu'on puisse faire à un homme, c'est de lui réserver son loisir, de lui assurer le temps nécessaire pour réfléchir, pour vivre de la vie intellectuelle.

Eh bien, croyez-vous qu'il n'est pas plus facile de trouver ce loisir à la campagne, qu'en allant s'enfermer dans ces séries de boîtes malsaines et puantes qui constituent les chambres de nos villes ?

Que nous y passions quelques heures du jour, comme font les Anglais à Londres, ou même quelques mois de l'année, je le comprends. J'ajouterai même qu'il le faut, car il serait absurde que chacun se réduisant volontairement au cénobitisme de Robinson Crusoé, oubliât les arts, la science, la littérature, en un mot, tout ce qui constitue le patrimoine commun de l'humanité.

Mais pensez-vous par hasard qu'au fond de nos broussailles, nous ayons renoncé à cela ? Croyez-vous même que cela ait cessé d'être à notre portée, que nous ne l'ayons pas toujours sous la main ?

Ne sommes-nous pas à trois jours de Paris par les bateaux et le chemin de fer, à trois heures par le fil télégraphique ?

J'aime à le répéter. Nous sommes beaucoup plus Parisiens que les indigènes de Melun ou de Versailles, et cela ne nous empêche pas de savoir aussi bien qu'eux planter les haricots en ligne ou biner les pommes de terre.

Voilà pour la vie à la campagne.

Maintenant, pour ce qui est de l'Algérie, je n'ajouterai qu'un mot emprunté à un médecin bien connu à Alger. C'est un argument tout personnel, mais qui a bien sa valeur.

On raconte qu'un maréchal de France, une fois entré dans la tour Malakoff, répondait à ceux qui voulaient l'en éloigner :

« J'y suis et j'y reste. »

Eh bien, ce qu'il disait de la tour Malakoff, nous le disons tous ici de l'Algérie. Chacun de nous répète : « J'y suis et j'y reste. »

TABLE DES MATIÈRES

ALGER. — IMP. DE LA VIGIE ALGÉRIENNE